잘 나가는
기업 뒤에는
항상 헤드헌터가
있다

잘 나가는 기업 뒤에는 항상 헤드헌터가 있다
(부제 : 헤드헌팅 CEO의 이야기)

저자_ 신중진

발행처 _ (주)피플케어 코리아
출판등록 _ 제2019-000055호
주소 _ 서울특별시 서초구 서초대로77길54 서초더블유타워 12층
　　　(서초동) 우편번호 _ 06611
전화 _ 02) 2040-9357　팩스 _ 02) 552-2301
홈페이지 _ http://www.peoplecare.co.kr
이메일 _ info@peoplecare.co.kr

저작권자 @ 2019 신중진
이 책의 저작권은 저자에게 있습니다. 저자와 출판사의 허락 없이
내용의 일부를 인용하거나 발췌하는 것을 금합니다.

COPYRIGHT @ 2019 by Joong-Jin Shin
All right reserved including the rights of reproduction
in whole or in part in any form. Printed in KOREA.

초판 1쇄 발행 _ 2019년 4월 5일

값 13,500원
ISBN 979-11-966603-0-7　03320

잘못된 책은 구입하신 서점에서 바꿔드립니다.

이 도서의 국립중앙도서관 출판예정도서목록(CIP)은 서지정보유통지원
시스템 홈페이지(http://seoji.nl.go.kr)와 국가자료종합목록시스템
(http://www.nl.go.kr/kolisnet)에서 이용하실 수 있습니다.
(CIP제어번호 : CIP2019011200)

잘 나가는
기업 뒤에는
항상 헤드헌터가

헤드헌팅 CEO의 이야기

있다

신중진 지음

피플케어코리아

| 머리말 |

삼성, IBM도 핵심 인재는
헤드헌터를 통해 채용합니다

삼성, IBM이 세계 최고 기업이 될 수 있었던 이유는 무엇일까요?

바로 '인재' 입니다.

헤드헌팅 CEO로서, 저는 회사의 사장이나 고위 임원, 인사담당자를 만날 일이 많습니다. 그들은 한결같이 '인재가 부족하다'고 합니다. 그렇습니다. 기업들은 언제나 인재가 부족합니다. 모든 일에는 인재가 필요하고, 불황기일수록 더욱 그러합니다. 오늘날 모든 글로벌 기업은 인재를 찾는 데 혈안이 되어 있습니다. 좋은 인재를 고용하는 회사가 번창하는, '인재 전쟁 시대' 입니다. 인재를 얼마나 많이 확보하느냐가 모든 기업들의 관건이며, 핵심 인재를 채용하는 것이 가장 큰 과제입니다.

그러면 삼성, IBM과 같이 잘 나가는 기업들은 핵심인재를 어떻게 확보할까요?

바로 "헤드헌터"를 통해서입니다.

생각해보면 아이러니한 일입니다. 삼성, IBM과 같은 대기업이라면 인사부서에만 해도 많은 사람이 있을 텐데 어째서 자신들에게 그토록 중요한 업무를 외부에 맡긴단 말입니까?

그러나 조금만 생각해보면, 대기업이 헤드헌팅 업체를 이용하는 건 당연한 일입니다.

이유는 간단합니다. 대기업 인사부에서도 헤드헌팅 업무를 제대로 할 수 없기 때문입니다.

기업에서 신문이나 취업사이트에 채용공고를 올린다고, 그들이 찾는 핵심 인재가 기다렸다는 듯이 지원하는 것도 아닙니다.

헤드헌팅은, 기업 내부에서 스스로 해결할 수 없는 전문가의 영역입니다. 그래서 삼성, IBM도 핵심 인재는 '헤드헌터'를 통해 채용합니다.

시스템과 경영 기법이 매우 발달한 선진국의 수많은 글로벌 기업들은, 인재 채용을 위해 일찍부터 헤드헌팅 업체를 적극 이용했습니다. 한국은 1980년대 초기에, 한국으로 진출한 외국계 기업들이 임원, 전문 경력직 위주로 헤드헌팅을 이용하기 시작했으며, 점차 국내 기업에서도 임원뿐만 아니라 부장급이나 과장, 대리급으로까지 확대되면서 헤드헌팅 수요는 계속 늘어났습니다.

　인재 경쟁 시대, 한정된 자원인 유능한 인재를 두고 벌이는 전쟁에서 이기기 위해 모든 글로벌 기업들은 헤드헌팅 서비스를 전략적으로 이용합니다.

　요즘은 거의 대부분 업종에서 헤드헌팅을 이용합니다. 보수적인 기업이나 단체일수록 인사 문제에 있어 외부 서비스를 이용하는 데 있어 회의적인 경우가 많습니다. 그런데, 한 유명한 언론사가 '피플 케어 그룹'의 기업고객이 됐습니다. 그들은 업계의 관행을 깨고 우리에게 의뢰를 해왔고, 헤드헌팅을 통한 핵심 인재 채용으로 모두가 놀랄 정도로 급속히 성장할 수 있었습니다.

　보수적인 언론사에서도 먼저 나서서 이용할 정도로 국내에서도 점점 더 많은 기업들이 헤드헌팅 서비스를 믿고 이용하는 추세입니다.

10년 후에도 기업들은
여전히 "인재"가 부족할 것입니다.

　다가오는 4차 산업 혁명 시대에 인공지능, 로봇, 빅데이터와 자율주행자동차, 사물인터넷과 유비쿼터스 컴퓨팅, 나노, 스마트도시 등을 설계하고 이끄는 것도 결국 "인재"가 합니다.

　인구통계를 보면, 지난 수십 년간 한국 경제는 급속히 성장했지만, 출생률은 하락했습니다. 가장 왕성하게 사회생활을 할 30세에서 45세까지 한국인 수는 감소하는데 반해, 핵심 인재에 대한 수요는 증가할 것입니다. 따라서 기업들의 계속적인 인재 확보 경쟁에 따라, 헤드헌터의 미래 역시 밝을 것입니다.

헤드헌팅 회사 '피플케어 그룹'(PeopleCare Group)을 창업한 지 15년이 되었습니다.

15년 동안 '피플케어 그룹'은 약 520여개의 기업고객에 7,000명 이상의 CEO, 임원, 전문 경력직 핵심인재를 채용시켰습니다. 고객 여러분의 신뢰와 사랑에 힘입어 국내 헤드헌팅 시장을 대표하는 회사로 성장했습니다.

'인사가 만사' 라는 말이 있습니다. 좋은 인재를 잘 뽑아서 적재적소에 배치하는 것이 모든 일을 잘 풀리게 하고, 순리대로 돌아가게 합니다. 아무리 능력이 출중해도 그 능력을 필요로 하는 자리가 아니면, 그 사람도 그 조직도 낭패를 봅니다.

피플케어 그룹의 기업이념은 '사람에 대한 존경심' 입니다. 피플케어는 성별, 학력, 출신 배경, 나이, 종교, 인종, 피부색 등에 편견을 갖지 않으며, 차별하지도 않습니다. 아무리 일이 중요해도 사람의 존재 가치를 뛰어넘을 수는 없습니다. 그래서 헤드헌팅의 기본 정신을 '사람에 대한 존경심'에 두고 있습니다.

수많은 핵심인재를 추천하여 채용시킨 '피플케어 그룹'의 헤드헌팅 CEO로서 저는, '모든 후보자는 좋은 후보자다'고 생각합니다. 나쁜 후보자는 없습니다. 다만, 그 자리에 적합한 후보자인가 아닌가의 문제가 있을 뿐입니다. 그 자리에 맞지 않다고 해서 나쁜 후보자는 아닙니다. 다른 자리에는 좋은 후보자일 수 있는 것입니다. 문제는 후보자 자신에게 적합한 자리를 찾아가는 것이 중요합니다. 그래서 모든 후보자는 좋은 후보자입니다. 모든 사람은 누구에게나 보석같이 빛나는, 좋은 점들이 있습니다.

이제 저는 다시 10년을 준비하고자 합니다.
오늘날 모든 글로벌 기업들이 세계 각국에서 뛰어난 인재를 유치하기 위해 경쟁하고 있습니다. 최고의 인재를 고용하는 회사가 성공하는, 인재 전쟁의 시대에 살고 있습니다. 인재 채용이 더욱 중요해지고 있기 때문에, 헤드헌팅 일을 통해 한국 사회에 기여할 수 있다고 믿습니다. 기업들이 핵심 인재 채용을 잘 함으로써, 고객들은 부유해지고 국가는 부강해질 것입니다. 저는 국경을 뛰어넘는 이 인재 전쟁에서 이기기 위해 계속 노력할 것이며, 도전하는 분들 역시 도울 것입니다. 그것이 '피플케어 그룹'이 한국 사회에서 의미 있는 회사가 되는 길이고, 이 땅의 젊은이들에게 꿈과 희망을 심어 주는 일이라고 생각하기 때문입니다.

〈잘 나가는 기업 뒤에는 항상 헤드헌터가 있다〉는 기업 임직원들만을 위한 책이 아닙니다. 고객, 일반 독자, 대학생 등 모든 분들이 편안하게 읽을 수 있도록 글을 썼습니다. 끝으로 '피플케어 그룹'을 믿고 격려해주신 고객 여러분과 동료 여러분께 진심으로 감사드립니다.

피플케어 그룹 CEO 신중진

홈페이지_http://www.peoplecare.co.kr
이메일_info@peoplecare.co.kr

차례

머리말 | 4

1부

'사람에 대한 존경심'으로 만든 회사 피플케어

1장 헤드헌팅 CEO

초짜 신입 헤드헌터 한 명을 양성하다 | 19
피플케어 첫 번째 헤드헌터, 실적을 올리다 | 26
사업의 초석이 된 헤드헌터 사관학교 | 34
잘 나가는 기업 뒤에는 항상 헤드헌터가 있다 | 40
벼랑 끝에서 날아오르다 | 47

2장 사업의 기본

많은 좌절에도 불구하고 헤드헌팅 사업을 시작한 이유 | 61
기본을 놓치면 모든 것을 잃는다 | 69
나의 무기는 무엇인가: 영업력과 추진력의 비밀 | 75
사장의 역할: 사장은 꽃밭을 가꾸는 사람이다 | 81
언제나 WIN-WIN이 우선이다 | 88

2부

사업가란 태어나는 것이 아니라 만들어지는 것이다

3장 실패에는 이유가 있다

파란만장했던 직장생활과 첫 사업 실패 | 97
"다른 사람한테 부탁해도 되잖아." | 104
나는 내가 타고난 사업가인 줄 알았다 | 108
당신에게는 사업의 '이유'가 있는가? | 111
실패에서 배운다는 것 | 115

4장 처음 접해본 인력 시장

B사 입사 | 123
영업은 발로 뛰는 것이다 | 127
절박함으로 회사 역사상 최대의 성과를 이루어내다 | 133
토사구팽 또는 새로운 기회 | 138
글로벌 인력 파견 업체, S코리아 입사 | 144

3부

사람이 전부인 일, 헤드헌팅을 시작하다

5장 헤드헌팅 세계 입문

헤드헌팅과의 만남 | 155
K사 입사: 헤드헌팅의 세계에 뛰어들다 | 160
드디어 이루어낸 헤드헌팅 성공 | 165
혼자보다는 함께일 때 유리하다 | 170
나의 힘만으로는 안 되는 것도 있다 | 177

6장 직접 해야만 하는 일도 있다

'내 사업'을 위한 첫 발을 내딛다 | 187
전환점이 되어준 헤드헌터 스쿨 | 193
C사 설립 | 199
C사를 떠나다 | 205

4부

헤드헌터가 부자 되는 회사

7장 모든 조건을 갖추고 시작하는 사업은 없다

나에게 주어진 길 | 215
빈 책상 하나로 다시 시작하다 | 219
피플케어 사무실로 첫 출근하다 | 225
'기세' 나 '포부' 만으로 되지 않는 것도 있다 | 230
반드시 직접 해야만 할 일도 있다 | 234

8장 헤드헌팅 사업이 내게 알려준 것들

세상에 '나쁜 후보자'는 없다 | 243
실력 못지않게 중요한 것은 인성 | 247
시련은 나에게 가장 빠른 길을 알려주었다 | 251
새로운 목표 | 255

1부

'사람에 대한 존경심' 으로 만든 회사 피플케어

1장
헤드헌팅 CEO

"헤드헌터는 인재 채용에 어려움을 겪고 있는 기업의 문제점을 해결해주고, 보석처럼 빛나는 각 개인의 자질을 발견해 적합한 일자리를 연결해주는, 참으로 보람 있는 일을 하는 사람입니다."
이게 바로 내가 헤드헌팅 사업을 택한 가장 중요한 이유이기도 하다.

초짜 신입 헤드헌터 한 명을 양성하다

15년 전, 가진 것은 500만원. 사람이라고는 '사장이자 직원'인 나 자신이 전부.

그러나 언젠가는 대한민국을 대표하는 헤드헌팅 업체가 될 것이라는 자신감만큼은 충만했던 시기였다. 당장 발 벗고 밥벌이에 나서도 시원찮을 판에 서울 강남 중심지 테헤란로 포스코 사거리에 있는 경암빌딩 18층의 고급 비즈니스센터에 입주했다. 제대로 사업을 하려면 장소가 중요하기 때문이다.

첫 직원인 조영숙 씨가 처음으로 출근한 날, 한 명의 신입 헤드헌터를 대상으로 직원 교육을 하게 됐다. 나는, 지금도 그날을 잊을 수 없다.

사무실에서는 교육을 할 분위기가 아니었기 때문에 나는 비즈니스센터의 회의실을 빌리기로 했다. 작은 회의실이 시간당 3만 원으로 보다 저렴했으나, 나는 시간당 5만 원인 대회의실을 빌렸다. 우선 그 고급스러운 느낌이 좋았고, 그러한 분위기에 나와 조영숙 씨 모두 익숙해지기를 바랐다. 또한 나는 교육에 빔 프로젝터를 이용해야 했는데, 대회의실을 이용하면 빔 프로젝터를 이용할 수 있었기 때문이기도 했다.

처음 들어선 대회의실 첫인상은 대기업에서도 임원급만 이용할 수 있는 회의실 같은 느낌이었다. 벽면과 천장의 은은한 무늬목은 사람을 차분하게 만드는 듯했고, 짙은 갈색과 검정이 적절히 뒤섞인 회의용 대형 테이블은 웅장하기까지 했다. 테이블과 같은 색상의 가죽 의자 16개가 있었는데, 언젠가는 피플케어 회의 때 저 의자로도 부족할 모습을 상상하며 더 기운을 낼 수 있었다.

화이트보드와 천장에서 내려오는 빔 프로젝터용 롤스크린이 전면 벽을 가득 채웠다. 그리고 천장과 벽의 조명은 환하면서도 눈과 마음까지 편해지는 느낌이었다.

전날 거울까지 봐가며 연습을 했음에도 불구하고, 조영숙 씨를 앉혀두고 앞에 섰을 때 나는 콧잔등에 땀이 맺히는 걸 느꼈다. 빔 프로젝터를 통해 스크린에는 '대한민국 넘버원 헤드헌팅 회사 피플케어' 라는 문구가 떠 있었다.

"안녕하세요? 피플케어에 오신 것을 진심으로 환영합니다. 대표이사 신중진입니다."

나의 인사에 조영숙 씨가 같이 고개를 숙여 인사한 후 박수를 치는 것으로, 피플케어의 첫 직원 교육이 시작됐다.

"헤드헌터의 성공은 두 부류의 고객, 즉 기업 고객과 후보자 고객을 만족시키는 데 달려 있습니다. 기업 고객은 헤드헌터에게 적합한 후보자를 찾아달라고 구인 요청을 하는 기업을, 후보자 고객은 헤드헌터가 진행하는 기업 고객의 구인에 지원하는 후보자를 말합니다. 이때 기업이 헤드헌터에게 문제와 정답을 동시에 준다고 볼 수 있습니다. 기업이 원하는 인재의 조건을 정리한 구인요청내역(Job Request)이 바로 문제이자 정답인 것입니다. 그 구인요청내역, 즉 정답에 맞는 사람을 찾아주면 성공이지요."

이를 시작으로 헤드헌팅 분야에 대한 전반적인 설명, 이어 피플케어 그룹의 헤드헌팅 프로그램에 대한 강의를 이어갔다. 궁금한 점이 있으면 언제든 손을 들고 질문하도록 했더니 조영숙 씨는 내가 기대한 대로 적극적으로 질문을 해가며 교육에 집중했다.

"헤드헌팅은 폭풍우가 치는 바다에서 두 척의 배가 서로 함포사격을 하는 것과 같습니다. 기업 고객과 후보자 고객이 모두 움직이기 때문에 이들을 연결하기가 쉽지 않은 것이지요."

"고객들이 움직인다는 말이 무슨 뜻인가요?"

내가 사람들에게 헤드헌팅 업에 대해 설명할 때 자주 드는 예시에서도 어김없이 조영숙 씨의 질문이 나왔다. 다행히 답변이 미리 준비되어 있었기에 당황하지 않을 수 있었다.

"잘나가는 기업도 어느 날 갑자기 법정관리 신세가 되어 추락하는 경우가 있어요. 대우그룹 등만 봐도 알 수 있지요. 반면 삼성전자처럼 성장을 계속하는 기업도 있습니다. 기업도 생물처럼 계속 움직이는 것이지요."

조영숙 씨는 고개를 끄덕이고 필기도 해가며 내 이야기에 집중했다. 이제 막 헤드헌터로서의 첫 걸음을 떼려는 사람이 나의 말 한 마디 한 마디에 이토록 집중하고 있다는 사실에 새삼스레 막중한 책임감이 느껴졌다. 내 앞에 앉아 있는 한 사람의 헤드헌터로서의 일생이, 지금 나의 교육에 얼마나 큰 영향을 받을지 알 수 없지 않은가?

하지만 이는 부담감이라기보다는 강의안을 더 다듬고 조영숙 씨를 비롯해 앞으로 직원이 될 헤드헌터들을 위해 나의 노하우를 아낌없이 공유해야겠다는 자극제가 되어주었다.

"후보자도 마찬가지입니다. 어떤 이유로든 단 6개월 정도 쉬는 것만으로도 업무에 대한 감이 떨어져 경력이 망가지는 경우가 있지요. 기업과 후보자 모두 움직이고 있다는 말은 이런 의미입니다. 때로는 양쪽 헤드헌팅 진행 중 양쪽 모두 상황이 바뀌기도 하지요."

이후로 '움직이는 고객'들을 어떻게 연결시키고 양쪽을 다 만족시킬 것인가에 대한 강의가 이어졌다. 주로 내가 직접 발로 뛰며 배우고 정립한 '헤드헌팅의 9단계 법칙'을 설명했다.

마지막으로 나는 조영숙 씨에게 희망과 도전의식을 좀 더 심어주고 싶었다.

"헤드헌팅은 정직한 비즈니스이기도 합니다. 일한 만큼 결과가 나오고 또 일한 만큼 벌 수 있습니다."

용감하게 새로운 일에 뛰어든 것인 만큼 이 분야의 장점을 알고 희망을 갖기를 바랐다.

"그렇기에 수익은, 노력한 만큼 얼마든지 벌 수 있습니다. 일종의 개인사업자라 생각하는 것이 옳을지도 모릅니다. 개인사업자처럼 헤드헌터는 철저하게 성과에 따라 보상을 받기 때문입니다. 로펌의 변호사와도 비슷하다고 할 수 있겠네요."

"개인성과에 따른 보상체계에 익숙하진 않지만, 한 번 도전해보겠습니다."

조영숙 씨는 내 기대대로 도전의식을 불태웠다. 바로 그 순간 나는 그날의 교육에 투입한 시간과 노력을 비롯한 모든 비용이 그 이상으로 돌아올 것임을 확신할 수 있었다.

"바로 그런 마음가짐이 중요합니다. 저 역시 헤드헌터인 만큼 사람 보는 눈만큼은 뛰어나다고 자부하는데, 조영숙 씨는 자질이 뛰어납니다. 또한 저는 헤드헌팅 회사를 설립하고 운영하면서 많은 헤드헌터를 채용해 교육하고 훈련시킨 경험이 있습니다. 모든 노하우를 아낌없이 전해줄 테니 조영숙 씨도 열심히 해주길 바랍니다. 얼마나 열심히 하느냐에 따라 조영숙 씨가 억대 연봉, 아니, 그 이상을 올리는 최고의 헤드헌터가 될 수 있을 거라 믿습니다."

그날의 교육은 그렇게 마무리가 됐다.

사실 그 전날, 2003년 11월 19일 오후,

내일 첫 출근하는 한 명의 초짜 헤드헌터 조영숙씨 교육을 위해 나는, 온 마음과 몸으로 준비했다. 중요한 고객을 만날 때처럼 이발소에서 머리 손질을 단정하게 했다. 내일 입고 출근할 복장 코드를 미리 생각해보았다.

'양복은 상의 군청색 콤비와 회색 바지를 입을까? 양말도 바지 색깔에 맞춰서 회색계통으로 할까? 와이셔츠는 청색으로 하고, 넥타이는 청색 와이셔츠에 어울리는 금빛 체크무늬로 할까?'

복장이 태도를 좌우하기 때문이다.

나는 어느 연극인의 이야기를 회상하면서, 내일 있을 한 명의 헤드헌터 교육을 준비했다.

'어느 가난한 연극인이 정말 어렵게 준비해서, 드디어 무대에 연극을 올리게 되었다.

연극을 보기 위해 찾아온 관객은 단 한 명.

공연이 시작되었다.

한 명의 관객을 앞에 두고, 그 가난한 연극인은 처음부터 끝나는 시간까지 혼신의 힘을 다해 열연했다.'

그 가난한 연극인처럼, 내일 첫 출근하는 한 명의 헤드헌터를 앞에 두고 온 힘을 다해 온 마음을 다해 교육하고 양성할 것이라고 다짐했다.

민들레 씨앗이 전 세계로 퍼져나가듯, 이 한 명의 헤드헌터 조영숙씨가 피플케어의 씨앗이 되어, 향후 국내 헤드헌팅업계를 이끄는 회사로 성장하고 세계로 뻗어나갈 것이라고 믿었다.

이튿날 이른 아침, 샤워하고 전날 생각해둔 복장 코드에 맞춰서 옷을 입었다. 상의 군청색, 하의 회색, 와이셔츠 청색, 넥타이 금색 스트레이트 무늬, 회색 양말, 검정 구두, 삼소나이트 가죽 가방…

나는, 거울 앞에 섰다.

"음~, 됐어."

나는 나를 향해 웃었다.

아침 일찍 회사로 출근했다.

그리고 고급대회의실에서 초짜 신입헤드헌터 조영숙씨 앞에 섰던 것이다.

피플케어 첫 번째 헤드헌터, 실적을 올리다

'**피플케어 그룹**' 첫 번째 헤드헌터 조영숙씨가 입사한 다음주에, S전자 계열사인 S통신기술의 NI(Network Integration, 네트워크 통합) 영업부장 추천 의뢰가 들어왔다.

기업 고객을 확보하는 주된 방법은 가망기업고객목록을 먼저 작성하고 접촉하는 것인데, 이 첫 번째 기회는 조금 다르게 찾아왔다.

박람회를 찾아가 기업 고객을 확보한 것이다. 이런 박람회에는 다양한 기업이 참석하는데, 이런 자리가 헤드헌터에게는 기회가 되기도 한다.

하루는 삼성동 코엑스에서 개최된 전자박람회에 참석해 부스를 돌며 기업체 담당자들과 이런저런 이야기를 나누고 명함을 교환하였다. 한데 그곳에서 우연히 고등학교 동창인 S통신기술의 안충석 인사부장을 만났다. 몇 년 만에, 그것도 이렇게 우연히 만나자 반가움은 더 컸다.

우리는 반갑게 인사를 나누고 서로의 근황을 물었다. 안충석 인사부장은 S전자 인사부장으로 근무하다가 근래에 S전자의 자회사인 S통신기술 인사부장으로 이직한 것이었다.

"중진아, 너는 어때? 요즘은 어떻게 지내?"

"나 헤드헌터 일 하고 있어. 여기도, 전자업계 사람들 좀 알아두려고 온 거고……."

"아, 그래? 우리 회사도 경력자 채용할 때는 헤드헌팅 이용하는데……. 그런데 요즘은 추천받은 사람들이 좀 별로라서 헤드헌팅 업체를 바꿔볼까 하던 중이야."

귀가 번쩍 했다.

"그럼 언제 너희 회사에서 식사라도 같이 하면서 얘기 좀 나눠볼 수 있을까?"

"그래, 그게 좋겠다. 내가 회사 들어가서 일정 확인해보고 연락 줄게."

그날 저녁, 안충석 인사부장은 약속대로 연락을 해줬고, 그다음 주에 내가 S통신기술을 방문하기로 했다.

다음 주 나는 조영숙씨가 고객사 영업 방문 및 구인요청을 받는 경험을 쌓을 수 있도록, S통신기술을 조영숙씨와 함께 동행 방문했다. 근처 식당에서 안충석 부장과 점심식사를 하면서 S통신기술 사업 상황과 헤드헌팅 채용 계획에 대해 들었다. 때마침 NI영업 책임자를 구하는 중이라, 점심식사 후 S통신기술 회의실로 가서 구인사항에 대한 설명을 들었다.

나와 조영숙씨는 안충석 부장에게 해당 사업부문의 실무책임자를 소개받았다. 사업본부장이었던 그는 국내 NI영업부문에서 가장 뛰어난 사람을 채용하고 싶다고 말했다.

그로부터 동종업계 동향, 그리고 미래 전망 등에 대한 이야기를 좀 더 상세히 듣고 우리는 회사로 돌아왔다.

이후의 헤드헌팅 업무 진행은 조영숙씨가 진행하기로 했다.

초보 헤드헌터인 조영숙씨는 S통신기술 관련 언론기사와 CEO 인터뷰 이야기들을 모으고, 회사의 미션, 목표, 전략, 업계에서의 위치와 경쟁사 등의 정보를 수집하고 분석했다. 그래야 S통신기술이 원하는 인재를 추천할 수 있기 때문이다.

이어서 적합한 후보자를 찾기 위해 취업사이트, 회사 및 개인 DB 등을 통해 수많은 이력서를 검토하고 연락했다. 이직 의향이 없는 후보자에게는, 주변의 다른 후보자를 소개해달라고 요청했다. 헤드헌팅에서는 '이직 의향이 없는 후보자들로부터 이처럼 주변 지인을 헤드헌팅 후보자로 소개받는 것'이 정말 중요하다. 기업고객 영업할 때 다른 기업을 소개받는 것이 중요하듯이, 후보자 서치할 때도 이직 의향이 없는 후보자들로부터는 다른 적합한 후보자를 소개받는 것이 중요한 것이다.

　헤드헌팅에서는 후보자에게 지인을 소개받는 것이 중요하다. 심지어 이직 의사가 없는 후보자라 하더라도 그냥 포기할 것이 아니라 누군가를 추천해달라고 부탁하는 것을 어려워해서는 안 된다. 후보자 고객들은 헤드헌터에게 생각보다 호의적이다. 자신의 능력을 인정해준 사람이라 여기기 때문일 수도 있다. 그래서 생각보다 선뜻 추천해주는 경우가 많고, 이때는 자신의 체면도 걸려 있기 때문에 어느 정도 검증이 된 사람만을 추천해준다. 생각해보면 내가 모든 분야에 통달할 수 없는 법이니 그 분야의 전문가에게 추천을 받는 편이 훨씬 유리하다.

　이렇게 한 후보자에게 다른 후보자를 소개받고, 그 후보자로부터 또 다른 사람을 소개받다 보면 금세 1명이 10명, 10명이 100명으로 늘어난다. 이렇게 소개받아서 구축한 100명의 후보자 DB는 가장 강력한 후보자 DB가 된다.

　헤드헌팅 프로젝트를 진행할 때마다, 이직 의향이 없는 후보자들로부터 다른 후보자를 소개받아 후보자 DB를 구축해나가면, 나중에 그것은 그 헤드헌터의 중요한 자산이 된다. 시간이 지날수록 헤드헌팅 프로젝트별 강력한 후보자 DB는 쌓이게 되고, 후보자를 찾는 서치 속도도 훨씬 빨라진다.

　나중에 비슷한 구인의뢰를 받았을 때는, 즉시, 예전에 이미 작성해둔 후보자서치 목록에서 후보자를 찾아서 전화 연락하기도 한다.

그 후보자가 이직의향이 없으면, 다시 또 다른 후보자를 소개해달라고 요청할 수 있는 것이다. 아무리 찾기 어려운 후보자일지라도 한 두 단계의 소개를 거치면, 국내에서는 모든 후보자를 접촉할 수가 있다.

조영숙씨는, 후보자가 이직의향이 없다고 하면, 자동적으로 다른 후보자를 소개해달고 요청했다. 후보자를 찾는 서치 작업에 전력을 다한 결과, 국내 NI영업부문에서 가장 뛰어난 후보자 3명을 최종 후보자로 선정하였다.

그 3명의 후보자들에게 전화를 걸었다. 그러나 셋 다 현재 직장에서 좋은 대우를 받고 잘 근무하고 있었기 때문에 이직할 의향이 없다고 했다. 조영숙씨는 여기서 포기하고 다른 사람을 찾아볼까 했지만, 다시 한 번 연락해보기로 했다. 고작 한 번 거절당했을 뿐이었다.

이틀 후, 조영숙씨는 3명에게 다시 전화를 했다. 이번에는 이직을 강하게 권하기보다는 언젠가 이직할 때 자신을 찾아달라는 메시지를 전달하는 데 집중했다.

"안녕하세요? 그저께 전화 통화했던 피플케어의 헤드헌터 조영숙입니다. 아직은 이직 의향이 없다고 하셨지만, 향후 언제든지 이직할 의향이 있으실 때는 저에게 연락주시기 바랍니다. 그럼 제가 적합한 자리를 알아봐드리겠습니다. 그리고 혹시 지인 중에 S통신기술 NI영업부장에 적합한 분이 있으면 소개 부탁드립니다."

두 번째 통화에서는 3명 모두 긍정적으로 답했다. 그리고 1주일쯤 지났을 때, 그중 한 명으로부터 전화가 와서 미팅 약속을 잡았다.

그 후보자는 국내 유수의 대기업에서 근무했던 경력이 있고, 당시에는 벤처기업 NI영업책임자로 근무 중이었다. 현재 회사의 연봉과 복지가 만족스럽긴 하지만, 조영숙씨와의 두 번째 통화 이후 다시 좀 더 큰 기업에서 일하고 싶어졌다고 했다.

조영숙씨는 S통신기술 추천 전에 그 후보자 면접을 했는데, 방문한 후보자의 모습이 다소 의외여서 물었다. .

"현재 근무 중이신가요?"

"네, 재직 중입니다."

"그런데 운동화를 신으셨네요?"

후보자는 웃으면서 답변했다.

"아, 이 운동화요? 제가 워낙 많은 고객사를 방문하다보니, 구두를 신고는 영업하기가 힘들어요. 그래서 운동화를 신어요."

후보자의 말을 듣고 그가 운동화 신고 다니는 이유를 알게 되었다. 현장을 부지런히 누비고 다니는 그의 열정은 그 누구도 따르지 못할 정도였다. 그의 기본 원칙은 '영업은 발로 뛰어야 한다.'는 것이었다. 영업 노하우 역시 탁월했다. 영업성과를 보증할 수 있는 적임자였다.

다음 날, 조영숙씨는 그를 추천했고, S통신기술 면접을 거쳐 채용됐다. 조영숙씨의 첫 번째 헤드헌팅 성공 사례가 됐다. S통신기술은 '피플케어 그룹' 헤드헌팅을 통해 그 후보자를 채용한 후, NI 부문 매출이 빠르게 성장했다.

입사 초기부터 조영숙씨는 영업 대상 가망기업목록을 작성해서, 메일을 보내고, 전화하고, 방문하는, 발로 뛰는 영업을 했다. 방문이 어려우면 전화라도 했다.

쉬지 않고 계속해서 시도했으며, 드디어 가망 고객사들로부터 구인 요청이 이어지기 시작했다. 이후 조영숙씨는 연봉으로 2004년에는 5천만 원을, 2005년에는 9천만 원을, 그리고 2006년에는 1억 5천만 원을 받는 헤드헌팅 성과를 올렸다.

이후로도 나는 많은 헤드헌터를 뽑고 교육했으며, 그중 상당수는 연간 억대 연봉을 올리는 인재로 성장했다. 그들은 실무급 과장, 차장급 헤드헌팅 성공으로 시작해서, 임원급, CEO 헤드헌팅 성공으로 발전해갔다. 그리고 이들을 뽑고 교육하고 성과를 올리도록 돕는 과정에서 내가 깨닫게 된 것이 있다. 바로 '나쁜 인재란 없다'는 것이다. 헤드헌터로 일하면서 '나쁜 후보자란 없다'는 점을 깨달았던 것과 같은 이치다.

사람은 누구나 장단점이 있게 마련이다. 장점만 있는 사람도, 단점만 있는 사람도 없다. 그렇기에 한 후보자가 어떤 기업에서 원하는 구인요청내역에 단 하나도 포함되지 않는다 해도 그 사람이 가진 다른 장점들을 원하는 기업에서라면 좋은 후보자가 될 수 있다.

마찬가지로 헤드헌터가 되는 데도 여러 가지 장점이 필요하고, 이는 달리 보면 자신이 가진 장점을 잘만 활용하면 좋은 헤드헌터가 될 수 있는 것이다. 누군가는 타고난 친화력으로 후보자 고객 리스트를 다수 확보할 수도 있고, 또 누군가는 뛰어난 설득력으로 많은 기업 고객을 유치할 수도 있다. 또한 헤드헌터 중에는 본인이 직접 기업 고객과 후보자 고객을 모두 컨트롤하는 사람도 있고, 직접 전면에 나서는 것보다 다른 헤드헌터를 보조해 시장조사하고 후보자를 찾는 데 능한 사람도 있다. 이런 사람들은 서로 다른 강점을 활용해 헤드헌터로 활동할 수 있고, 서로의 단점을 보완해줄 수 있는 사람들을 팀으로 활동하게 할 경우 시너지를 일으키기도 한다.

어떤 인재를 뽑는가도 중요하지만, 어쩌면 이들을 어떻게 교육하고 각각의 강점을 어떻게 발현하게 만드느냐 하는 점이야말로 사장이 갖춰야 할 진짜 능력일 수 있다.

사업의 초석이 된 헤드헌터 사관학교

'**사람이 전부**'라고 당당히 말해온 만큼, 나는 직원을 뽑는 데도 심혈을 기울였다. 창업 당시 단돈 500만 원이 가진 것의 전부였고 아직 제대로 된 거래처도 없지만, 직원만큼은 제대로 뽑아 제대로 훈련시켜야 한다고 여겼다. 이미 나는, 마지막으로 있던 회사에서 헤드헌터 교육과정을 직접 만들어 진행해 본 경험이 있었기 때문이다. 그리고 몇 차례 교육 프로세스를 짜본 그 경험은, 생각보다 빠르게, 보다 양질의 헤드헌터 양성 교육과정인 '헤드헌터 사관학교'를 만들어낼 수 있게 만들었다.

헤드헌터 사관학교는 피플케어에 있어 크게 두 가지 의미가 있다. 당시 나는 사무실을 따로 구할 형편이 아니었기에 한 비즈니스센터의 가장 저렴한 방을, 그것도 보증금 없이 이용 중이었다. 이것 또한 '사람'이 얼마나 중요한지를 잘 보여주는 사례이기에 뒤에서 더 자세히 설명하겠다.

아무튼 그런 상황이었으니 당장 현금이 필요했다. 꼭 필요한 것들만 갖추는 데도 돈이 필요했기에, 당장 다음 달 사무실 월세도 걱정해야 할 판이었다. 헤드헌터 교육과정이 예정대로 진행된다면 한숨 돌릴 수 있었다.

또한 헤드헌터 교육과정은 피플케어의 직원을 뽑는 과정이기도 했다. 이 교육을 신청하는 사람이라면 아마도 열에 아홉은 헤드헌터라는 직업에 관심이 있는 사람일 것이다. 헤드헌터가 되고 싶은 누군가를, 다른 사람도 아닌 내가 직접 가르친다면 피플케어에서 필요한 최소한의 소양은 갖춘 셈 아니겠는가? 그중에서도 내가 원하는 덕목인 강한 의지와 끈기, 배우려는 자세까지 가진 사람이라면 금상첨화였다. 더구나 당시 우리나라의 헤드헌팅 시장이 성장하고 있었기 때문에 피플케어 입사가 그들에게도 기회가 될 수 있었다. 비록 신생 회사라고는 해도 이쪽 분야의 회사를 직접 운영도 해보고 교육과정까지 만든 사람의 회사이니 나름의 매력이 있을 것이라 봤다.

제1회 헤드헌터 사관학교에는 총 35명이 신청을 했다. 이 중 10명은 포털사이트인 Daum커리어에 광고를 내고 강의실을 빌리는 대가로 피플케어가 제공한 무료수강권을 통해 가지고 온 사람들이었다. 이 35명 중에는 피플케어에 입사하고 싶다는 의사를 밝힌 사람도 몇 명 있었고, 그중 한 명이 피플케어의 첫 직원이 됐다.

지원자를 모두 받아들이고 싶었으나 당시 비즈니스센터 사무실에는 내 자리를 제하면 1명밖에 받을 수가 없었고, 실제로 그 이상을 받기에는 금전적으로도 여력이 부족했다. 그렇게 피플케어의 첫 식구가 된 조영숙씨는, 내가 원하던 인재였다.

그녀는 헤드헌터 사관학교 광고를 보고 전화를 걸었던 적이 있다. 이전 직장 선배 중 한 명이 헤드헌터로 일하게 되면서 이쪽 일에 관심을 갖게 됐고, 건강 문제로 회사를 쉬던 중 한번 도전해보기로 했다는 것이다.

"밥 날랐어요." 전에는 무슨 일을 했는지 묻는 내게 그녀가 했던 대답이다. 당황하는 내게 그녀는 웃으며 덧붙였다.

"스튜어디스였어요. 저희끼리는 승객분께 기내식 드리는 걸 밥 나른다고 하거든요."

이 짧은 몇 마디만으로도 그녀의 성격을 어느 정도 알 수 있었다. 우리나라에서는 보통 한 회사의 대표라고 하면 왠지 어려워하는 사람이 많다. 따지고 보면 회사 대표도 그저 한 명의 사람일 뿐인데, 아무리 작은 회사라 해도 '대표'라는 직함을 다는 순간 '어려운 사람'이 되어버리는 것이다.

허나 헤드헌터라면 절대로 그래서는 안 된다. 나는 농담처럼 '헤드헌터는 전화하는 사람'이라는 말을 하기도 한다. 헤드헌터의 두 고객인 '기업 고객'과 '후보자 고객' 양쪽과 무수히 통화를 해야 하기 때문이다. 한데 기업 고객 쪽에서는 말할 것도 없고, 가끔은 후보자 고객 쪽에도 한 회사의 대표이거나 과거에 대표였던 사람이 적지 않다. 기업 고객 쪽은 특히 대표와 직접 통화해야 할 일도 많다. 한데 상대의 직함에 주눅이 들어서야 제대로 된 의사소통이 되지 않는다.

그런 의미에서 조영숙 씨는 베테랑 헤드헌터보다도 더 높은 점수를 받을 만했다. 더구나 '사관학교'라는 이름이 붙은 교육과정에서 자신을 가르칠 테니 '선생님'이 될 사람이기도 한데, 처음부터 스스럼없이 농담까지 할 수 있는 사람이 얼마나 될까? 그것도 과하거나 어색하지 않을 정도로 수위 조절까지 해가면서 말이다.

돌이켜 말하지만, 이때 이미 나는 조영숙 씨에게 상당한 호감을 느꼈다. 더구나 그녀가 우수 승무원으로 선정되기도 했다는 사실까지 알았을 때는 그 호감이 더 강해졌다. 스튜어디스는 대표적인 서비스 직종이다. 친절함과 상냥함, 고객 중심의 태도, 침착함, 섬세함 등을 고루 갖추지 않았다면 우수 승무원으로 뽑히지도 못했을 것이다. 물론 개인적으로는 그보다 더 중요하게 여기는 '성실함'은 말할 필요도 없지 않겠는가?

교육과정에서도 그녀는 빛났다. 궁금한 점이 있으면 질문을 서슴지 않았고, 결코 지각하는 법이 없었다. 솔직히 그녀가 피플케어에 관심을 가져준 게 고맙기도 했다.

'피플케어 그룹'을 처음 설립할 때 세웠던 목표 목록에는 '헤드헌터가 부자 되는 회사'도 있었다. 내 경험상, 기존 헤드헌팅 회사는 헤드헌터가 가져가는 몫이 좀 적다는 느낌이 들었다. 허나 사람이 전부인 업계에서, 회사에 직접적으로 돈을 벌어다 주는 헤드헌터가 가져가는 몫이 적어서야 말이 안 된다.

나는 피플케어의 헤드헌터들이 돈을 벌 수 있도록 크게 3가지 방향에서 접근했다.

첫째, 높은 성과급 보상체계로 헤드헌터에게 돌아가는 몫이 커지게 한다.

둘째, 피플케어가 아닌 다른 곳에서 일하게 되더라도 헤드헌터로서 충분히 인정받을 수 있도록 교육하고 훈련시킨다. 특히 내가 현업에서 발로 뛰면서 익힌 '헤드헌팅 9단계 매뉴얼'을 헤드헌터 사관학교 교육 때보다 더 자세히 가르쳐주고, 직접 실행해볼 수 있도록 도왔다.

셋째, 성과를 내지 못하고 있는 헤드헌터는 여러 가지 지원을 해준다. 기업고객 개발에 어려움을 겪는 초보 헤드헌터는, 내가 마케팅 활동을 통해 기업고객으로부터 구인요청(Job Request)을 받아 전달하는 방식으로 지원한다. 또한 가끔 일이 몰리는 경우가 있는데, 이때 혼자서 다 처리할 수 없을 정도가 되면 다른 사람과 분담하기도 한다. 물론 수익은 참여도에 따라 나눈다. 이렇게 일이 몰려 있는 헤드헌터의 일감을 성과가 나지 않고 있는 사람이 맡을 수 있도록 조율을 했고, 그 과정에서 성과를 내는 사람은 어떻게 일하는지 보고 배울 수 있도록 했다.

그 목표를 실행에 옮긴 첫 번째 헤드헌터 역시 조영숙 씨였다. 조영숙 씨 이후에도 연간 억대 실적을 올리는 헤드헌터들이 계속해서 생겨났다. 나는 직원들을 계속해서 뽑고 교육했다. 불과 3년 후에는 소속 헤드헌터만 해도 40여 명에 이르렀고, 매출액 역시 해마다 100% 이상씩 성장했으며, 그토록 바라던 해외 시장 진출까지 이뤄냈다.

이 모든 것은 결국 '사람'이 이뤄낸 것이다. 어떤 사람을 뽑아 어떻게 교육할 것인가? 그들이 어떻게 협력하고 성과를 낼 수 있도록 시스템을 만들 것인가? 이들이 이직하지 않고 회사에 남게 하려면 어떤 보상체계를 갖춰야 할 것인가? 서로 화목하게 지낼 수 있도록 회사 분위기를 어떻게 바꾸어갈 것인가?

이 중 단 하나도 '사람'에 대한 문제가 아닌 게 없다. 그렇기에 '피플케어 그룹'은 사람이 만들고, 사람이 키우고, 사람이 유지하고 있는 회사인 것이다.

잘 나가는 기업 뒤에는 항상 헤드헌터가 있다

"**나는** 내 일에 자부심을 가지고 있는가?"

이는 진부할 수 있지만 매우 중요한 질문이다. 사실 대부분의 진부한 질문은 중요한 법이다. 그만큼 중요하기 때문에 많은 사람이 되풀이해 던진 질문이라고도 볼 수 있기 때문이다.

이 질문에 당당하게 "그렇다"라고 답할 수 있는 사람이 얼마나 될지 궁금하다. 실제로 보고 듣고 접하는 대부분이 먹고살기 위해 '어쩔 수 없이' 일한다는 말들이다. 하지만 일에서 의미를 찾지 못하면 우리의 삶도 상당부분 의미를 잃는다.

"헤드헌터는 인재 채용에 어려움을 겪고 있는 기업의 문제점을 해결해 주고, 각 개인의 보석처럼 빛나는 자질을 발견해 적합한 일

자리를 연결해주는, 참으로 보람 있는 일을 하는 사람입니다."

내가 직원 교육에서 빼먹지 않고 하는 말이다. 그냥 하는 말이 아니라, 이게 바로 내가 헤드헌팅 사업을 택한 가장 중요한 이유이기도 하다. 그리고 헤드헌터의 이런 존재 이유는 기업 고객에게 있어서는 특히 사업의 성공 여부와 직접 연관된다.

업계의 특수성 때문이기도 하지만, 그전부터도 나는 회사의 사장이나 고위 임원, 인사담당자를 만날 일이 많았다. 그들이 한결 같이 하는 말이 바로 '인재가 없다'는 것이다.

그렇다. 기업들은 언제나 인재가 부족하다. 모든 비즈니스에는 인재가 필요하고, 불황기일수록 더욱 그런 법이다.

오늘날 모든 글로벌 기업은 인재를 찾는 데 혈안이 되어 있다. 지금 시대는 바야흐로 좋은 인재를 고용하는 회사가 번창하는 '인재 경제 시대'라 할 수 있다.

수천 명의 관리자에게 성공 비결을 직접 인터뷰해 작성한 『유능한 관리자』(마커스 버킹엄 저/2006.09/21세기북스)에 따르면, 결국 성공에서 가장 중요한 것은 '채용'이었다. 제대로 된 사람을 채용해 그들의 강점을 활용하여 최선을 다해 일하도록 해야 관리자로서 성공할 수 있다는 것이다. 반대로 엉뚱한 사람을 뽑으면 재앙이 된다. 비전이고 동기부여고 소용없는 일이 될지도 모른다.

한데 참 이상하게도 인재의 중요성은 누구나 알고 또 그토록 강조하면서도 이상하리만치 소홀하게 다룬다. 그래서인지 아직 헤드헌팅 업체를 이용할 필요성을 느끼지 못하는 기업인들도 많다. 심지어 헤드헌팅 업체를 이용하는 데 들어가는 비용을 아까워하기도 한다. 생각해보면 인재 하나 잘못 뽑아서 회사에 해를 끼칠 경우 입는 피해, 시행착오로 인해 뒤늦게 다시 사람을 뽑아야 할 경우 이에 수반되는 기간과 비용이 훨씬 클 거라는 생각은 하지 못하는 것이다.

시스템과 경영 기법이 매우 발달한 선진국의 수많은 글로벌 기업들은 헤드헌팅 업체를 적극 이용하는 경우가 많다. 피플케어의 기업 고객을 보더라도 초창기에는 우리나라에 진출한 글로벌 기업이 많았고, 그 후로는 우리나라의 대기업들 이용이 더 많아졌다.

특히 고위직일수록 인재의 중요성이 커지는데, 대기업에서는 임원급뿐만 아니라 한 사업부문의 담당경력자를 채용할 때도 헤드헌팅 업체를 자주 이용한다.

생각해보면 아이러니한 일이다. 대기업이라면 인사부서에만 해도 많은 사람이 있을 텐데 어째서 자신들에게 그토록 중요한 업무를 외부에 맡긴단 말인가?

그러나 생각해보면 대기업이 헤드헌팅 업체를 이용하는 건 당연한 일이다.

이유는 간단하다. 대기업 인사부에서도 헤드헌팅 업무를 하지 못하기 때문이다.

대기업 인사부에서 헤드헌팅 업무를 하지 못하는 이유가 몇 가지 있다.

첫째, 신입 직원을 뽑는 일반 공채와 달리 고위직에 대한 헤드헌팅 업무는 자리 하나를 진행하는 데 적어도 1개월에서 길게는 3개월 이상 매달려야 한다. 대기업 임직원들은 만만찮은 연봉을 받는다. 그런데 인사부서 직원이 한두 달을 핵심경력자 채용 한 가지 업무에만 매달린다면 그 비용이 상당하지 않겠는가? 그렇기에 기업에서는 헤드헌팅 업무만을 담당하는 직원을 두지 않으며, 인사부서 직원들은 여러 가지 일을 병행해야 하므로 핵심 경력자를 찾는 서치에는 한계가 있다.

둘째, 누구도 이 일을 하지 않으려 한다. 예를 들어 한 직원이 몇 달 동안 다른 일은 하지 않고 공석인 어떤 직책에 적당한 후보자를 찾는 데만 매달리고 있다면, 위에서 보기에 그 직원은 아무 일도 하지 않는 것처럼 보일 것이다. 직원 입장에서도 상부에 '일 안 하는 직원'으로 낙인찍히면서까지, 후보자가 최종 합격해 채용될 때까지는 표시가 나지 않는 업무에 몇 달을 쏟아 부을 이유가 없다. 더구나 직원 입장에서 이 업무는 '잘돼야 본전, 꼬이면 독박'인 일이다. 몇 달을 조사해 추천한 사람이 채용되었다 해보자. 한데 그 사람의 성과가 뛰어나다면, 공은 채용된 당사자에게 돌아간다. 반면 성과가 전혀 나지 않는다면? 책임은 그 사람을 추천한 직원에게 돌아간다. 그러니 누구도 이렇게 '시간과 노력은 잔뜩 들어가는데 얻는 것은 없는 업무'를 맡으려 하지 않는다.

셋째, 핵심 인재 채용 과정을 부드럽게 진행할 수가 없다. 기업은 스카우트하고 싶은 경쟁사의 인재에게 직접 전화해서 입사 제안을 하기 어렵다. 그러나 중개하는 일 자체가 본업인 헤드헌터는 경쟁사에 근무 중인 후보자들에게도 자유롭게 전화하고 이직을 제안할 수 있다.

요즘은 헤드헌팅이 보편화되어 있어서 헤드헌터의 스카우트 제안 전화를 받는 대상 후보자들도 거부감을 가지지 않는다. 면접 및 최종 연봉 협상까지의 전체 채용 과정도 헤드헌터가 중개자 역할을 할 때 양쪽이 모두 만족할 수 있도록 부드럽게 진행된다.

넷째, 효율성이 떨어진다. 만약 기업에서 작정하고 헤드헌팅 분야를 키우려 한다 해도 실제 헤드헌터들과의 경쟁에서 이겨내기란 쉽지 않을 것이다. 한 회사의 '직원'으로서 아무리 열심히 한다 해도 각자가 사업자와 같은 마음가짐으로 다년간 헤드헌팅 경력을 쌓아온 진짜 헤드헌터들과 경쟁이 될 수 없기 때문이다. 게다가 기업에서는 특정 직책이나 고위직이 아니면 굳이 헤드헌팅을 이용할 필요가 없는데, 이런 자리에 공석이 항상 있는 것은 아니기 때문에 내부에 헤드헌팅을 담당할 직원을 두는 것은 낭비다.

대기업들에서는 이 외에도 여러 가지 이유로 헤드헌팅 업무를 내부가 아닌 외부 업체에 맡기고 있다. 실제로 점점 많은 기업이나 조직이 헤드헌팅 서비스를 이용하고 있고, 그 효과를 보고 있는 곳이 많다.

여기서는 대기업을 예로 들었지만, 이는 현재 헤드헌팅 서비스의 필요성을 먼저 깨닫고 주로 이용하는 것이 그들이기 때문이지 결코 작은 회사라고 해서 헤드헌팅을 이용할 필요가 없다는 뜻은 아니다. 오히려 작은 기업일수록 헤드헌팅 업체를 이용하는 것이 유리한 점도 있다. 우선 인사부서의 인원과 예산이 상대적으로 부족하므로 인재를 '찾아내는' 데 들일 시간과 비용에서도 한계를 보일 가능성이 높다. 또한 후보자 고객 쪽에서도 작은 기업은 회피하는 경향이 높은데, 이들이 신뢰하는 헤드헌터의 추천이라면 잘 알지 못하는 기업이라도 관심을 가지는 경우가 있다. 그렇기에 공채를 진행해도 원하는 인재가 찾아오지 않는 곳, 경력자 입장에서도 크게 관심을 두지 않을 가능성이 높은 회사라면 헤드헌팅 서비스를 이용하는 것이 훨씬 유리하다. 단, '믿을 만한' 헤드헌팅 회사와 헤드헌터를 선별해내는 작업이 선행되어야 함은 물론이다.

헤드헌팅 서비스를 이용할 경우의 장점은 또 있다. 이는 기업들이 놓치고 지나가기 쉬운 사실이기도 한데, 전문 헤드헌터가 추천하는 인재의 상당수는 바로 '동종업계에서 능력을 검증받은' 사람이라는 것이다. 인재 경쟁 시대, 한정된 자원인 유능한 인재를 두고 벌이는 전쟁에서 헤드헌팅 서비스를 잘 이용하는 것 또한 뛰어난 전략이 될 수 있다.

실제로 피플케어의 기업 고객 중에도 이런 사례가 있다. 보통 보수적인 기업이나 단체일수록 인사 문제에 있어 외부 서비스를 이용하는 데 있어 회의적인 경우가 많은데, 특이하게도 보수적인 것으로 유명한 한 언론사가 피플케어의 고객이 됐다. 그들은 업계의 관행을 깨고 우리에게 의뢰를 해왔고, 모두가 놀랄 정도로 급속히 성장할 수 있었다.

보수적인 언론사에서도 먼저 나서서 이용할 정도로 국내 비즈니스계에서도 점점 헤드헌팅 서비스를 믿고 이용하는 추세다. 더구나 전문직 채용 수요는 앞으로도 많을 것이므로, 헤드헌팅 서비스를 이용하는 편이 기업과 후보자에게 훨씬 유리함은 물론이고, 이는 현직 또는 장래의 헤드헌터의 전망 또한 밝다는 의미이다.

벼랑 끝에서 날아오르다

사업가가 되고자 하는 사람들에게 자주 받는 질문 중 하나가 '처음 창업할 때 어느 정도로 갖추어야 하느냐'는 것이다. 이에 대해 수많은 책과 소위 말하는 '창업 전문가'들은 다양한 답변을 내놓는다. 누군가는 최대한 많은 것을 갖추고 시작해야 한다고 말하고, 또 누군가는 '허리띠를 졸라 매고 한 푼이라도 아껴야 한다'고 말한다.

내 대답을 원한다면, 나는 '상황에 맞게 하라'고 답하겠다. 상황에 맞춘다는 것은 또한 우선순위를 정하고 취사선택을 해야 한다는 의미이기도 하다.

2003년 11월 20일, 피플케어를 창업했던 날이 떠오른다. 당시

온갖 방법을 동원해 긁어모아도 내 손에 있는 돈은 500만 원 정도가 전부였다. 따지고 보면 첫 사업 실패로 진 빚이 여전히 남아 있는 상황에서 그 정도 마련한 것도 놀라운 일이다. 그러나 새로 사업을 시작하기에는 턱없이 부족한 돈이었고, 그나마도 전부 사업에 쏟아부을 수 있는 상황이 아니라서 네 식구의 한 달 생활비와 집 월세로 필요한 150만 원을 빼면 350만 원뿐이었다. 이 돈으로 최소한 2개월은 사업을 운영할 수 있어야 했다. 요식업이나 편의점처럼 곧바로 현금이 돌 수 있는 사업이 아닌 이상 수금이 될 때까지의 기간을 고려해야 했기 때문이다.

결국 창업 당시 350만 원의 자금과 단 한 명의 직원이자 사장인 나 자신만이 내가 가진 자원의 전부였다.

이제 이 350만 원을 어떻게 활용할 것인가를 고민해봐야 했다.

나는 사업을 제대로 하려면 '장소'가 중요하다고 믿는다. 그래서 다소 무리를 하더라도 일할 공간만큼은 제대로 된 곳을 구하고 싶었다. 창업 초기에 고정비용을 최대한 줄이고자 자기 집을 사업장으로 삼는 경우도 있다고 들었고, 그게 잘못됐다고는 생각하지 않는다. 하지만 이는 어떤 사업이냐에 따라 달라질 수 있다고 본다.

헤드헌팅 사업이란 쉽게 말해 어떤 인재를 원하는 기업 고객과 이직(또는 취직)을 원하는 후보자 고객을 중개해주는 일이다. 이때 중개자인 헤드헌팅 업체에 대한 신뢰가 없으면 기업 고객도, 후보자 고객도 잡을 수 없다. 어떤 의미에서 헤드헌팅 업체는 두 고객 사이에서 양측을 대표하는 입장이 되기도 한다. 즉, 헤드헌팅 업체가 기업에게는 후보자를, 후보자에게는 기업을 대표하는 일면이 있는 것이다. 그래서 이 분야에서만큼은 장소가 중요하다고 여겼고, 내가 사무실에 바라는 것은 크게 다음과 같은 세 가지였다.

첫째, 인테리어가 고급스러울 것.

기본적으로 헤드헌팅 업체의 후보자 고객들은 직급과 전문성이 높다. 대리급 직원도 있지만, 기업체의 임원이거나 이사, 심지어 대표이사도 있다. 헤드헌팅 업체에서는 이들이 적절한 후보자인지를 파악하기 위해 면접을 진행하는데, 그런 면접을 카페에서 진행할 수야 없지 않은가? 당연히 사무실에서 진행을 하게 되는데, 이때 그들이 존중받는 느낌을 받을 수 있도록 분위기가 고급스럽기를 바랐다. 게다가 이후 우리 회사의 일원이 될 헤드헌터들 역시 한 분야의 전문가로서 커리어를 훌륭하게 쌓아온 사람이 많기 때문에 사무실 분위기가 그들의 자긍심을 높일 수 있어야 했다.

둘째, 교통이 편리할 것.

이는 어찌 보면 당연한 이야기였다. 나를 포함한 직원들의 출퇴근에 용이한 것은 물론이고, 면접을 보러 올 후보자 고객들을 위해서라도 반드시 대중교통의 접근성이 중요했다. 헤드헌팅 서비스의 품질은 결국 헤드헌터와 고객들의 만족도에 달려 있기 때문이다.

셋째, 설비가 잘 갖추어져 있을 것.

헤드헌터의 교육, 회의, 프레젠테이션 등을 진행하는 데 불편함이 없도록 빔 프로젝터와 화이트보드, 회의실이 갖춰져 있기를 바랐다. 책걸상까지 갖춰져 있다면 금상첨화였다. 고급스러운 사무실에 맞는 책걸상이라면 가격도 만만치 않을 테니 가능하다면 직접 구매할 필요가 없기를 바란 것이다.

하지만 내가 원하는 위치에, 내가 원하는 수준의 시설을 갖춘, 고급스러운 사무실을 구하려면 보증금만 해도 수천만 원에서 억대가 필요할 것이고, 달마다 수백만 원이 빠져나갈 것이다. 350만 원으로는 보증금은커녕 한 달 월세도 내기 벅찬 상황이었다.

이 모든 것을 놓치지 않기 위해서 내가 택한 방법은 비즈니스센터에 입주하는 것이었다. 비즈니스센터는 대체로 교통이 편리한 곳에 위치해 있고, 센터에 따라 매우 고급스러운 곳도 있으며, 어지간한 비품과 회의실은 다 갖춰져 있기에 적절했다. 또한 인터넷이나 전화 및 팩스, 우편물 서비스 등도 제공되니 마음에 들었다. 그래서 나는 강남 지역의 한 고급 비즈니스센터를 이용하기로 했다.

물론 강남 한복판의 고급 비즈니스센터는 비쌀 수밖에 없다. 내가 가진 돈으로는 두 달 월세밖에 감당할 수 없었다. 그럼에도 앞서 이야기한 이유들로 나는 그곳을 이용하기로 했다.

내가 '사람이 중요하다'고 말하는 이유는 여러 가지가 있지만, 그중 하나가 바로 어려울 때 도움을 주는 것도 결국 사람이기 때문이다. '사람들' 덕에 나는 내가 원하는 바를 모두 갖춘 강남 테헤란로 한복판의 고급 비즈니스센터를 이용할 수 있었다.

이 과정에서 내게 도움을 준 사람은 두 명이었다.

나의 사정을 알게 된 지인 중 한 명이 비즈니스센터의 대표에게 나를 소개해준 것이다.

유기농 홈쇼핑의 대표인 박철영 대표는 과거 내가 일했던 헤드헌팅 업체 K사의 부사장 출신으로, 당시 나의 추진력을 높게 샀다. 그래서 내가 사업을 시작한다고 했을 때 많은 지지를 보냈고, 적극적으로 나서서 비즈니스센터의 김 대표에게 나를 소개했다.

그 비즈니스센터는 강남의 포스코 사거리에 있는 빌딩이었고, 내가 이용하기로 되어 있는 곳은 18층이었다. 엘리베이터에서 내리자마자 확 트인 공간이 나타났고, 반대편 멀찍이 떨어진 곳에 안내 데스크가 있었다. 그곳에서는 두 명의 직원이 상냥한 미소를 지으며 방문객들을 맞이했다. 엘리베이터에서 내리는 순간, 내가 원하는 곳이라는 감이 왔다.

그곳에서 김 대표를 만났다. 김 대표는 이미 박 대표에게서 나의 경력을 들어서 알고 있었다. 그리고 나를 만나 이야기를 나눈 후로는 피플케어의 성공 가능성을 높게 봐주었다.

김 대표의 안내에 따라 센터를 살펴볼 수 있었다. 사무실은 고급 책상과 걸상이 2개씩 있었다. 책걸상이 2개 정도는 더 들어갈 것 같았으나, 고급 비즈니스센터를 지향하는 곳답게 공간에 충분히 여유를 둔 모습이었다. 무척 마음에 들었다.

센터를 살펴보면서 또 하나 마음에 들었던 것은 일정한 비용만 내면 대기업에서나 볼 수 있을 것 같은 고급 회의실을 사용할 수 있다는 점이었다. 소회의실은 후보자 고객 면접 때, 빔 프로젝터를 사용할 수 있는 대회의실은 직원 교육이나 프레젠테이션 때 사용하면 적당할 듯했다. 시간당 이용료가 대회의실은 5만 원, 소회의실은 3만 원이었다. 크게 부담스러운 금액은 아니었다.

"좀 전에 보신 사무실은 월 임대료가 180만 원이고, 3개월 치를 보증금으로 지급하셔야 합니다. 하지만 박 대표님께 들어서 사정을 잘 알고 있으니 임대료는 150만 원으로 조절해드리겠습니다."

김 대표의 제안에 물론 고마움이 앞섰지만, 나로서는 3개월 치 보증금을 낼 수 없는 상황이었기에 염치 불구하고 부탁을 하기로 했다. 사업을 하다 보면 때로는 '마음 먹은 바를 즉시 실행해야' 할 일도 있는 법이다.

"감사합니다, 김 대표님. 저, 그런데 제가 가진 자금으로는 보증금을 내는 게 아무래도 어려울 것 같습니다. 보증금은 후에 사업이 좀 자리를 잡으면 꼭 낼 테니, 우선은 월 임대료 150만 원으로 계약할 수 없을까요?"

나의 부탁에 김 대표는 잠시 고민하는 듯했으나, 이내 흔쾌히 웃으며 그렇게 해주기로 했다. 이로써 나는 내가 원하는 요건을 모두 갖춘 비즈니스센터를 최소한의 금액으로, 보증금 없이 이용할 수 있게 됐다.

스스로를 '사장이자 유일한 직원'이라 해놓고 내가 책상이 두 개인 사무실을 찾은 이유는 무엇일까? 바로, '아무리 자금이 부족하더라도 포기할 수 없는 것' 중 하나가 '사람'이었기 때문이다. 나는 사무실을 찾는 것과 거의 동시에 직원을 뽑았다. 바로 앞서 이야기한 조영숙 씨였다.

고정비용을 한 푼이라도 줄여야 하는 때에 매출 하나 안 나오는 상황에서 직원부터 뽑았다는 게 누군가에게는 미련한 행동으로 보일 수도 있다. 하지만 이 역시 사업에 따라, 상황에 따라, 창업자의 철학에 따라 다른 법이다. 헤드헌팅 분야는 결국 사람이 전부이고, 헤드헌터가 계약을 성사시켜야 회사가 운영된다. 나 혼자 아무리 열심히 뛰어봐야 한계가 있다. 또한 사장으로서 해야 할 일들도 있었기에 헤드헌터 업무에만 오롯이 집중할 수도 없는 상황이었다. 현업에 너무 집중하다 보면 관리해야 할 고객이 너무 많아져서 정작 직원을 뽑고 회사를 운영하는 데 쏟을 힘과 시간이 부족해질지도 모른다는 우려도 있었다.

조영숙 씨가 첫 출근을 했던 날이 생각난다. 이전에 스튜어디스로 일한 경험이 있는 조영숙 씨는 장점과 단점이 명확한 사람이었다. 우선 문서 작업이나 실행 전 계획을 세우는 데는 다소 약했다. 하지만 이는 경험을 쌓다 보면 자연히 개선될 것이었고, 그보다 뛰어난 장점이 훨씬 많았다. 누구보다도 성실했고, 우수 승무원 표창을 받은 사람답게 친절할 뿐만 아니라 고객 중심의 사고가 몸에 배어 있었다. 그리고 상대의 직책이나 이름값에 주눅 들지 않고 거침없이 전화해서 할 말은 할 줄 아는 배짱이 있었다.

사업 초기에 자금이 부족해 당장 한 달 운영도 어려운 상황에서도 과감하게 공간과 사람에 투자한 이유는 크게 두 가지다.

첫째, 바로 앞에서 설명한 것처럼, 공간과 사람 이 두 가지 요소가 이 사업에서는 꼭 필요하다 여겼기 때문이다. '피플케어 그룹'이 몇 년 만에 업계에서 손꼽히는 회사로 성장한 것만 보더라도 나의 판단은 정확했던 것으로 보인다.

둘째, 헤드헌터 사관학교가 있을 뿐만 아니라 사업 초기에는 나도 헤드헌팅 업무를 겸했기 때문에, 신규 채용한 헤드헌터를 통한 본격적인 헤드헌팅 매출이 나올 때까지 견뎌낼 자신이 있었다.

여기서 중요한 건, 가진 자금은 적은데 절대 포기할 수 없는 고정비가 필요한 상황이라면 어떻게든 현금이 융통될 수 있는 방안을 찾아야 한다는 것이다. 가능하면 사업과 직접적인 관련 있는 일이 최선이겠지만, 그게 불가능하다면 다른 일을 해서라도 현금을 융통할 수 있는 방향은 찾아두는 것이 좋다.

다시 비즈니스센터 이야기로 돌아가자면, 이후로도 나는 김 대표에게 몇 번의 신세를 져야 했다. 이유는 내가 다소 공격적이라 할 수 있을 정도로 직원을 뽑는 데 주저함이 없었기 때문이다.

2003년 11월 20일 비즈니스센터에 입주하는 날, 조영숙 씨가 출근하기 시작했다. 그리고 불과 열흘 정도가 지난 12월 3일, 나는 김 대표와 약속을 잡고 만났다.

차 한 잔씩을 앞에 두고 이런저런 이야기가 오간 후에, 나는 본론을 꺼냈다.

"김 대표님, 혹시 좀 더 넓은 사무실이 있을까요?"

"다음 달이면 좀 더 넓은 사무실 하나가 비긴 합니다. 임대료는 같고요. 그런데 무슨 일인지 알 수 있을까요?"

"저희 첫 직원이 출근 중인 건 아시지요? 조만간 직원을 좀 더 뽑으려고 합니다."

처음부터 피플케어의 성장 가능성을 높게 평가했던 김 대표는 진심으로 축하해주었다. 하지만 문제가 있었다. 다음 달에 비는 곳이 좀 더 넓긴 하지만, 그곳도 책상은 두 개뿐이라는 점이었다.

우선 나는 김 대표와 함께 그 사무실을 둘러봤다. 고급 비즈니스 센터를 지향하는 곳답게 책상을 빽빽하게 채워두지 않아서 공간에 여유가 있었다. 보아하니 큰 파일박스와 장을 하나 치우고 본래 있던 책상 두 개를 최대한 붙이면 뒤쪽으로 하나, 출입문 옆으로 두 개까지 책상이 더 들어갈 수 있을 듯했다. 그럼 총 5개가 되므로, 직원을 3명까지 더 증원해도 최소한 책상이 부족할 일은 없을 것이다.

내 생각을 이야기했을 때, 당연하게도 김 대표는 곤란해 했다.

"아니, 책상을 하나도 아니고 세 개를 더 들여놓으시겠다니요. 고급 비즈니스센터를 지향하는 저희 방향에 어긋납니다."

말했듯이 사업을 하다 보면 생각한 바를 행동으로 옮겨야 할 때가 있는데, 이때가 바로 그 순간이었다.

"물론 저도 압니다, 김 대표님. 죄송하지만 제 사정 한 번만 봐주실 수 없을까요? 책걸상은 당연히 제가 들여놓을 거고, 인터넷과 전화 회선 추가 비용도 당연히 지불하겠습니다. 꼭 좀 부탁드립니다."

"허, 이거 참······."

김 대표는 곤란한 듯 연신 허허 웃으며 고개를 긁적였다. 그러나 결국 나에 대한 신뢰와 '피플케어 그룹'의 성장 가능성을 높게 산 김 대표는 다소 무리한 나의 부탁을 들어주었다. 다시 한 번 사업에 있어 '사람'이 얼마나 중요한지를 깨닫게 된 기회였다.

이와 관련해 조금 더 이야기하자면, 피플케어는 말 그대로 급성장을 했고, 불과 6개월 후인 2004년 6월에 다시 한 번 김 대표를 만나 또다시 '마음을 다잡고' 부탁해야 했다. 직원을 더 뽑아야 했기 때문에 그때도 역시 새롭게 비는 사무실에 책상을 몇 개 더 넣게 해달라는 부탁을 할 수밖에 없었다.

그렇다고 순전히 감정에 호소한 것만은 아니었다. 당시에 나는 일종의 약속을 했다.

"김 대표님, '피플케어 그룹'이 얼마나 빠르게 성장하고 있는지를 옆에서 지켜보시지 않았습니까? 이번 한 번만 더 제 사정을 봐주신다면, 머지않아 '피플케어 그룹'이 이 비즈니스센터에 가장 크게 기여하는 날이 올 겁니다."

김 대표가 이때의 내 말을 믿은 것인지는 모르겠으나, 결국은 부탁을 들어주었다. 하지만 나는 내가 한 말을 지켰다. 몇 년 후 다른 건물에 따로 사무실을 구해서 나오기 전에 피플케어의 월 임대료는 2천만 원으로, 그 비즈니스센터의 가장 큰 고객이 되어 있었던 것이다.

2장
사업의 기본

사장이란 '꽃길을 걷는 존재'가 아니라 '꽃밭을 가꾸는 사람'
이라고 생각한다. 사람 하나하나는 꽃처럼 각자의 향기와
아름다움이 있으며, 그처럼 사람도 소중히 대해야 한다. 사업의
본질은 타인에 대한 사랑이다. 모든 사업은 고객에게, 나아가
사회를 구성하고 있는 개개인에게 사랑을 베푸는 것이다.

> 많은 좌절에도
> 불구하고
> 헤드헌팅 사업을
> 시작한 이유

내가 피플케어를 설립할 때 가장 중요시한 것이 바로 '사람'이다. 앞서 이야기했듯 나는 '사람이 전부'라고 생각한다. 이는 삶에 있어서도 사업에 있어서도 마찬가지다.

따로 말하지 않아도 알겠지만, 인재를 다루는 업계에서라면 더욱 말할 것도 없이 사람이 중요하다. 그럼에도 나는 그 분야의 여러 회사에서 '사람답지 못한' 대접을 직접 겪었고, 목격했으며, 전해 듣기도 했다. 그 기업들에서도 하나같이 '사람이 중요하다'고 부르짖지만, 이는 공허한 메아리였을 뿐이다. 소위 '공인'들은 같은 잘못을 저질러도 더 큰 비난을 받는다. 이는 다른 사람들에게 모범이 되어야 할 이들이 본분을 저버렸기 때문이다. 마찬가지로 '사람'을 다루는 회사가 사람을 소홀히 여겼다면 손가락질과 비난을 받아 마땅하다. 자신들이 사람을 일종의 소모품처럼 바라보고 대하면서 어떻게 한 사람의 '인생'이 걸린 직장 선택을 도울 수 있으며, 또 어떻게 기업에서 '함께할 인재'를 뽑는 곳에 누군가를 추천한단 말인가? 나 역시 업계를 욕하고 비난하기도 했고(돌이켜보면 내 얼굴에 침 뱉기였다), 일련의 사건들을 겪으면서 점점 환멸을 느끼기도 했다.

자신이 종사하는 업계 자체에 환멸이 들 경우 택할 수 있는 길은 셋 중 하나다. 그 바닥을 떠나거나, 그냥 참고 일하거나, 직접 변화를 시도하거나... 그 어떤 선택도 결국 이 셋 중 하나로 귀속된다.

믿지 않을지도 모르겠지만, 나는 단 한 순간도 이 분야를 떠날 생각은 하지 않았다. 환멸이야 수없이 느꼈지만, 분명 희망이 있다고 느꼈다. 그 희망이 몇 번이고 좌절된 끝에는 '희망이 없다면 내가 보여주겠다'는 목표가 생겼다.

물론 책임져야 할 가족이 있는 상황에서 단순히 꿈 하나만으로 시작한 일은 아니다. 충분한 가능성이 있는 시장임을 확신했기에 시작할 수 있었다.

내가 처음 이쪽 일을 시작했을 때는 우리나라의 인력시장은 이제 막 성장기에 들어서는 단계였다. 그리고 나는 그 안에서 상당한 발전 가능성을 봤다. 생각해보면 어느 시대든 취업난이 있었다. 더구나 시대가 변함에 따라 점점 퇴직과 이직을 쉽게 결정하고 있다. 회사나 업무가 생각했던 것과 달라서, 동료나 상사가 마음에 들지 않아서, 이 분야는 수명이 짧을 것 같아서, 새로운 도전을 해보고 싶어서, 단지 좀 쉬고 싶어서……. 퇴사의 이유도 다양하다. 허나 회사가 마음에 들지 않아 퇴사한 사람의 80% 가량이 다음 회사에 가서 '이전 회사가 나았다'며 후회한다는 설문조사 결과를 본 적이 있다. 그럼에도 누구나 당연히 더 좋은 조건이나 자신에게 더 맞는 회사로 옮기고 싶은 마음을 항상 가지고 있을 것이다.

아이러니한 것은, 역시 어느 시대든 기업들은 항상 '인재'가 없다고 난리였다. 신기한 일이다. 취업난은 심해지는데 기업들 역시 사람을 찾지 못해 난리였다. 물론 이유가 있다. 사람들이 원하는 직장이 있는 것처럼, 기업들 역시 원하는 인재상이 있다. '아무나' 뽑아서 쓰다가 시간과 비용만 날리는 경험을 되풀이했기 때문이다.

쉽게 말해 누구나 원하는 직장이 있고, 기업은 원하는 인재상이 있다. 그리고 이들은 서로에 대한 정보를 원하는 만큼 가지고 있지 않다. 이런 현상은 되풀이될 뿐만 아니라 점점 심화되기까지 했고, 이게 바로 헤드헌터가 해결해야 할 문제였다. 그러니 사업성도 충분하리라 본 것이다.

결국, 나는 헤드헌팅 회사에서 '팽'을 당하고 좌절감을 느꼈음에도 그곳에서 희망을 봤고, 또한 그런 현실을 바꿔야 한다는 사명감에 직접 피플케어를 설립했다.

사업도 취업과 마찬가지로 성공하기 위해서는 반드시 성공하겠다는 강력한 의지와 실천력이 있어야 한다.

한 번은 'A그룹 건설회사 CEO 후보자'로 두 명의 후보자를 고객사에 추천하기 위해 후보자들을 피플케어로 불러 각각 사전면접을 했다. 업무 역량이 뛰어난 후보자로 평가되어 추천하기로 마음먹고, 첫 번째 CEO후보자인 배재용 부사장에게 기업고객 면접 때 가져야 할 마음가짐과 유의사항에 대해 이야기했다.

"배 부사장님, 내일 부사장님을 'A그룹 건설회사 CEO' 후보자로 추천할 예정입니다. 1차 서류 전형에 통과하면, 다음 주쯤 'A그룹'의 면접이 있을 것 같아요. 그 때, 면접에 임하는 마음가짐에 대해 이야기하고 싶은 것이 있습니다.

기업체에서 사람을 채용할 때는, 적극적인 지원의사가 있는 사람을 채용한다는 것을 명심해주시길 바랍니다. 사실 '적극적인 지원의사가 있는 사람을 채용한다는 것'은 너무나 당연한 말처럼 들리는데, 의외로 소홀히 하는 분들이 많아요. 지원의사가 약한 사람은 합격하기 어렵습니다."

"네, 그렇습니까?"

"네, 배 부사장님, 그래서 저도 사실은, 기업고객에 후보자를 추천할 때는, 적극적인 지원의사가 있는 사람을 최우선으로 추천합니다. 거듭 말씀드리지만, 적극적인 지원의사가 있는 사람이 합격하기 때문이예요. 배 부사장님, 이렇게 비유할 수 있을 것 같아요.

사자가 작은 토끼 한 마리를 잡아먹을 때도, 일단 달려들 때는 전력을 다 합니다.

평상시에는 어슬렁거리고 전력 질주하는 모습이 없지요.

토끼와 비교하면 사자의 힘이 워낙 세기 때문에, 토끼를 가볍게 다루어도 될 듯이 보입니다.

그러나, 일단 저 토끼를 잡아먹어야겠다고 마음먹으면, 그 때부터는 전력을 다 한다는 것이죠.

이와 같이, 후보자도 일단 입사 지원 목표가 정해지면 전력을 다해야 합니다.

그래야 합격할 수 있습니다.

그리고 면접 때 유의할 사항으로 네 가지를 말씀드리고 싶습니다.

첫째, 이미 말씀드렸듯이 적극적인 의지를 가지고 지원해야 합니다. 둘째, 거짓말 하지 말아야 합니다. 셋째, 정정당당하게 임해야 합니다. 넷째, 겸손해야 합니다.

배 부사장님, 지금까지 제가 한 이야기를 염두에 두고, '건설회사 CEO' 면접 잘 하시길 바랍니다."

나는 배재용 부사장 면접을 마치고, 엘리베이터 앞까지 배웅했다.

이어서 또 한 명의 'A그룹 건설회사 CEO 후보자' 김상길 사장을 면접하고, 마찬가지로 기업고객 면접 때 가져야 할 마음가짐과 유의사항에 대해 이야기했다.

일주일 후 CEO헤드헌팅 의뢰 고객사인 건설회사 면접이 끝나고, A그룹 그룹인사담당 상무로부터 전화가 왔다.

"오늘 면접 본, C건설회사 사장 역임하셨던 김상길 사장님 있잖아요? 그 분 왜 그런지 모르겠어요! 내 참..."

그룹인사담당 정광필 상무의 목소리가 조금 화난 음성이었다.

"정 상무님, 무슨 일 있습니까?"

"아니... 글쎄. 누가 누구를 면접하는지 모르겠어요?"

"예? 누가 누구를 면접하다니... 그게 무슨 말씀이신지?..."

"그룹경영기획실 본부장님과 제가 면접하는데, 처음에는 몇 가지 질문에 답변하고 하더니... 조금 지나서부터는, 면접 보러온 김 사장님 질문이 이어지면서... 되려, 김 사장님 본인이 면접관인 듯한 분위기가 되었어요..."

누가 누구를 면접하는지 모를 분위기였다는 말에 웃을 수도 없고... 미안해서 이렇게 답변했다.

"네~ 그랬군요. 정말 미안합니다. 앞으로 후보자 추천할 때는, 유의하도록 하겠습니다."

"그렇지만, 어제 면접 봤던, D기업 부사장으로 재직 중인 배재용 부사장님은, 면접분위기가 좋았어요. 적극적이고 의욕에 차 있었어요. 그룹 회장님의 면접 결과는 다음 주에 알려드릴게요."

A그룹 그룹인사담당 정광필 상무와의 전화를 끊었다.

그 다음주, D건설 부사장으로 재직 중인 배재용 부사장이 '건설회사 CEO'로 합격되었다는 통보를 받았다. 결과적으로 적극적인 지원 의사를 가지고 면접에 임한 배재용 부사장은 합격했고, 지원 의사가 다소 소극적이었던 전직 대기업CEO 은퇴자 출신 김상필 사장은 탈락했다.

이후 'A그룹 건설회사 CEO'로 부임한 배재용 부사장은 열정적으로 회사 경영을 이끌어서 매우 좋은 경영 성과를 이루어냈다. 피플케어가 기업고객인 A그룹 건설회사에 적합한 CEO후보자를 추천했고 후보자 역시 적극적으로 지원하고 전력을 다했기 때문에, 기업고객과 후보자고객 모두 만족해하는 좋은 결과가 나왔다.

이처럼 피플케어 헤드헌팅 사업은 인재 채용에 어려움을 겪고 있는 기업들의 문제점을 해결해주고, 각 개인들에게는 저마다 가진 보석같이 빛나는 좋은 자질들을 발견해서 그들에게 적합한 일자리를 연결해주는, 참으로 보람 있는 사업이다. 기업고객은 중요한 자리가 채워졌기 때문에 만족하고, 채용 합격한 핵심 인재 후보자는 자신의 이력으로 어려운 채용 입사과정을 통과했기 때문에 기뻐한다. 피플케어 그룹의 헤드헌터 역시, 그 헤드헌팅 프로젝트의 성공으로 인해 전문가로서의 성취감과 경제적 보상을 받고 행복해 한다.

사업의 본질은 타인에 대한 사랑이다. 모든 사업은 고객에게, 나아가 사회를 구성하고 있는 개개인에게 사랑을 베푸는 것이다. 그러므로 모든 사업에는 '이유'가 있어야 한다. 그리고 그 이유에는 반드시 '사람'이 포함되어야만 한다. 돈을 벌기 위해? 그것도 이유는 될 수 있으나, 그렇다면 그렇게 돈을 벌어 '누구에게 어떤 도움을 주기 위함인가?' 가 밑바탕이 되어야만 제대로 된 사업이라 할 수 있다. 만약 당신이 사업을 계획 중이라면, 그런데 이 '누군가' 를 사랑하는 마음이 없다면 다시 생각해보라고 권하고 싶다.

기본을 놓치면 모든 것을 잃는다

세계적인 스포츠 선수 중 기본기가 탄탄하지 않은 사람이 없고, 뛰어난 학자 중 기본적인 지식을 건너뛰고 고차원적인 학문부터 공부한 사람은 없다. 이는 반대로 말하면 무슨 일이든 기본을 지키지 않으면 좋은 결과를 기대할 수 없다는 것과도 같다. 특히 수많은 사건사고는 누군가가 기본적인 사항들을 건너뛰는 바람에 생겨난 것이다. 수백 명이 목숨을 잃은 비행기나 선박 사고도 결국에는 기본적인 사항을 체크하지 않은 대충주의, 기본적인 법률이나 원칙을 무시한 처사의 끔찍한 결과다.

헤드헌팅 업무에서도 마찬가지다. 기초와 기본을 무시했다가는 기껏 성사시켰던 계약이 어그러지기도 하고, 오랜 시간에 걸쳐 쌓아온 신뢰가 단박에 무너지기도 한다.

한번은 피플케어의 헤드헌터 이정미 부장이 나에게 면담 요청을 해와 회의실에서 만났다.

"사장님, 문제가 생겼어요. 제 고객사 G기업 경영기획실 팀장이 사장님을 만나자고 합니다!"

"무슨 일 있어요?"

"예, 최근 G기업 경영기획실에 입사한 후보자가 회사에서 문제를 일으킨 모양이에요."

후보자가 문제를 일으켰다면 그 후보자를 추천한 헤드헌팅 업체의 책임이기도 하고, 절대로 일어나서는 안 될 일 중 하나이기도 하다.

나는 다급히 약속을 잡고 다음 날 오후에 이정미 부장과 함께 G기업 담당자들을 만났다.

두 명의 담당자와 악수 후 명함을 교환한 후 마주앉았다. 이런 자리에서의 간단한 팁을 하나 주자면, 앞에 앉은 사람의 자리에 맞게 테이블 위에 명함을 놔두면 이름을 헷갈릴 때 재빨리 보고 확인할 수 있다. 마주보고 왼쪽에 A가, 오른쪽에 B가 앉았다면, A의 명함을 왼쪽에, B의 명함을 오른쪽에 두는 것이다.

자리에 앉자 한 팀장이 사건의 경위를 설명했다. 요약하자면, 우리의 추천으로 2개월 전에 입사한 후보자가 알고 보니 유럽의 모 대학교 학력과 경력을 위조한 사실이 드러났다는 것이다. 게다가 입사 직후 지방 출장을 가서는 법인카드로 많은 돈을 썼고, 며칠간 무단결근도 했다고 한다. 집으로 전화해 부인과 통화를 했는데, 집에도 며칠간 들어오지 않았다는 것이다.

결국 G기업에서는 이 후보자를 퇴직 처리하고 내부 서류 정리 중이었다. G기업의 회장은 기분이 많이 상해 화를 냈다고 한다. 경영기획실에서는 피플케어 측에 손해배상을 받아야 한다는 이야기가 나오고 있는 상황이었다.

"정말 면목이 없습니다. 어제 이정미 부장으로부터 관련 상황에 대해 들었습니다. 먼저 후보자의 학력과 경력을 제대로 조회하지 않은 점, 진심으로 사과의 말씀을 드립니다. 이런 경우는 저희도 처음이라 당황스럽지만, 이를 교훈으로 삼아 앞으로는 인터뷰와 평판조회를 더욱 철저히 하겠습니다. 그럼 저희가 G기업에 어떤 식으로 손해를 배상해드려야 할까요?"

사실 이런 경우 손해배상을 청구한다 해도 헤드헌팅 업체로서는 할 말이 없다. 허나 다행히도 피플케어와 오랫동안 신뢰를 쌓아온 G기업은 그냥 지급한 추천수수료를 돌려받는 정도로 마무리를 했다.

회사로 돌아와 확인해보니 G기업 측의 말은 모두 사실이었다. G기업에서 받은 추천수수료를 돌려주었음은 물론이고, 이후 G기업과의 관계를 원래 수준으로 회복하기까지 많은 시간이 걸렸다.

"사장님, 죄송합니다. 평판 조회를 제대로 하지 않은 제 실수입니다."

이정미 부장은 고개를 숙이며 사과했고, 나는 고개를 끄덕이며 대답했다.

"이건 내 잘못이기도 해요. 중요한 건, 같은 실수를 되풀이하지 않는 겁니다. 앞으로 우리 모두 후보자 인터뷰와 평판 조회를 좀 더 철저히 합시다."

실제로 이 사건을 계기로 피플케어는 후보자 인터뷰와 평판 조회에 더욱 주의를 기울이게 됐다. 우리의 추천이 올바르고 정확하게 진행되어야만 인재 발굴에 어려움을 겪는 기업 고객에게 도움을 줄 수 있기 때문이다.

그런데, 기본을 지켜야 하는 것은 후보자 고객에 대해서만은 아니다. 기업 고객 관련해서도 자칫하면 큰 손해를 볼 뻔한 적이 있었다.

어느 날, 서류를 결재하다가 미수금 내역을 보게 됐다. 그런데 P컨설팅에서 6개월 이상 미수금이 3건이나 발생했다. 즉, 우리가 추천한 인재가 최소한 3명 이상 P컨설팅에 출근을 했으나, 추천수수료를 6개월 이상 납입하지 않은 것이다.

나는 담당 헤드헌터 송광진 전무를 회의실에서 만났다.

"송 전무님, P컨설팅에 무슨 문제가 있습니까?"

"네, IT컨설팅으로 잘나가던 회사였는데, 작년 하반기부터 사정이 안 좋아졌습니다. 프로젝트 투입 인원이 더 필요하다고 추가 추천 요청이 들어왔는데, 최근 회사 상황이 더 안 좋아졌다고 해서 추천을 보류하고 있는 상황입니다."

다음 날, 나는 박광진 전무와 함께 P컨설팅을 방문해 그 회사의 부사장을 만났다.

"부사장님, 시간 내주셔서 감사합니다. 그런데 헤드헌팅 3건에 대해 채용수수료 입금이 6개월 이상 지연됐고, 현재 재직 중인 직원들의 급여도 지난 달 지급되지 않은 것으로 들었습니다."

나는 말을 돌리지 않고 단도직입적으로 말했다. 피차 바쁜 사이에 인사치레는 적절한 수준에서 끊는 것이 좋다.

P컨설팅의 부사장 역시 회사 상황을 솔직하게 설명했다. 야심차게 추진하던 프로젝트가 무산되면서 회사가 어려움을 겪고 있지만, 미지급금은 다음 달 말까지 지급 예정이며, 추가로 요청한 추천은 보류해달라는 것이었다.

나는 P컨설팅 사업이 호전되기를 바란다는 진심을 전한 후 회사로 돌아왔다. 그리고 다음 달, 약속한 대로 P컨설팅의 미수금 두 건이 입금되었다. 그러나 그 후 P컨설팅은 결국 부도가 났고, 나머지 한 건의 미수금은 사고 처리되었다. 그나마 우리가 P컨설팅에 추천했던 후보자들이 워낙 유능한 인재들이라 어렵지 않게 다른 직장으로 이직했다는 점이 다행이었다.

이 일 이후로 피플케어는 고객사의 재무 상태와 앞으로의 성장 가능성 등을 더욱 철저히 파악하기 시작했다. 후보자 고객 입장에서 헤드헌팅 서비스를 이용한 이직은 미래가 걸린 일이니, 건실하고 적절한 고객사를 추천해야만 그들에게 도움이 되기 때문이다.

 이처럼, 기본을 무시하는 사람은 자신만이 아니라 다른 사람에게도 큰 피해를 줄 수 있음을 명심해야 한다. 그리고 이는 결국 자신에게도 부정적인 결과로 돌아오게 되어 있다. 특히 사업을 할 때라면 기본을 지키라는 말은 수백 번을 강조해도 모자람이 없다. 기본을 철저히 지켜라!

나의 무기는 무엇인가 : 영업력과 추진력의 비밀

직장생활에서 말단 직원조차도 자신만의 '무기'가 있어야 인정받을 수 있다. 하물며 사업가야 오죽할까? 더구나 엄청난 자금으로 시작부터 많은 사람을 투입할 수 있는 입장이 아니라면 대부분 처음에는 사장 혼자서 모든 것을 해내야 한다. 이럴 때, 최소한 하나 이상의 강력한 무기가 있어야만 한다.

첫 사업 실패 후, 그전까지의 내 커리어와는 무관하다 할 수 있는 인력시장 분야에서 나름의 성과를 거둘 수 있었던 이유가 무엇인지를 생각해본 적이 있다. 사실 운도 많이 따랐고, 여러 사람의 도움이 있었다. 무언가를 이루는 데 빼놓을 수 없는 것들이다.

허나 결코 이것만으로는 성공할 수 없다. 운과 인맥만으로 이루는 성공이란 매우 단기적이고 불안할 수밖에 없기 때문이다. 더구나 이는 통제 불가능한 것들로, 어쩌면 하늘이 주는 선물일 수도, 그때까지의 삶에서 베풀고 노력해온 데 대한 작은 보답일 수도 있다. 이런 외부적인 요인과 자신만의 '무기'라 할 만한 무언가가 더해져야만 더 확실하고 장기적인 성과를 거둘 수 있다.

내 자랑일 수도 있지만, 내게는 그것 두 가지 무기가 있었다. 사실 스스로도 이를 잘 알아채지 못했는데, 주변에서 '영업력'과 '추진력'을 나의 강점으로 꼽는 사람이 많았다(이처럼 스스로는 알지 못하는 것도 외부에서 보면 보일 때가 있는 법이기에, 더더욱 '사람'이 중요한 법이다).

생각해보면 과거의 경험 중 버릴 것은 하나도 없다. 어떤 경험이든 그 경험을 할 당시에는 생각지도 못했던 방식으로 이후의 삶과 깊게 연관되는 일이 비일비재한 법이다.

더 자세한 내용은 3장에서 이야기하겠지만, 나름 풍족한 집안에서 자랐음에도 초등학교 때 약간의 이윤을 남기면서 동네 친구들에게 과자를 팔았던 기억 등으로 보아 어쩌면 영업력과 추진력을 어느 정도는 타고난 것도 같다. 더구나 부모님이 제법 크게 사업을 하셨으니 이를 지켜보면서 알게 모르게 보고 배운 것도 있을 것이다.

허나 대학 시절 과대표와 학회장을 지내는 동안의 경험이 나도 몰랐던 나의 추진력을 확인하고 자신감을 얻게 된 계기였다.

내가 졸업한 대학교 신문방송학과에는 60년대부터 이어져 오던 행사가 있었다. 졸업생 동문과 재학생 모두가 참석하는 연례 행사였다.

학회장으로서 축제를 준비하고 진행해야 했는데, 당연히 잘하고 싶은 욕심이 있었다. 지금 생각해보면 무슨 배짱이었는지 모르겠지만, 당시에 나는 시내 유명한 호텔을 빌려 행사를 진행하기로 결심했다. 하지만 문제가 있었다. 예상했겠지만, 역시 돈 문제였다.

예년에 비해 훨씬 큰돈이 들어가는 기획을 해놨으니, 사업이었다면 큰 위기였을 것이다. 허나 사업이란 결국 위기와 극복이고, 목표 설정과 실행의 연속이다. 이 또한 하나의 사업이라고 본다면 나는 다소 높은 목표를 설정한 것이고, 이제 어떻게든 해내는 게 중요했다.

보통 이 연례행사 비용은 참가비, 광고비로 충당한다. 그러나 예전에 비해 높은 지출 목표를 잡았기에, 작년처럼 준비해서는 예산이 턱없이 부족했다.

나와 진행위원들은 머리를 싸매고 고민했고, 수많은 회의 끝에 역할을 분담하고 모두가 발로 뛰기로 했다. 2인 1조로 조를 편성해서, 먼저 행사 전에 모든 졸업 동문 선배들을 일일이 찾아가서 참석 티켓을 최대한 많이 팔기로 했다.

그리고 팸플릿을 만들어 기업의 광고를 실어주는 대신 광고비용을 받기로 했다.

더불어 사업가들을 직접 찾아가 찬조금을 받는 방안도 생각했다.

대학 행사에서 진행하는 팸플릿에 광고를 싣는다고 해서 기업 측에 얼마나 큰 도움이 될 것인지, 기업에서 이를 어떻게 받아들일 것인지 예측이 불가능했다. 또한 자신들에게 별다른 도움도 없을 찬조금을 흔쾌히 내놓을 사람이 있을지에 대해서도 회의적인 반응을 보이는 사람이 적지 않았다.

허나 이때 배우게 된 것 중 하나가 '불확실하더라도 밀어붙여야 할 때가 있다'는 것이었다. 다른 아이디어를 생각해내기에는 시간도 부족했고, 사실 더 좋은 아이디어가 나올 것 같지도 않았다. 이미 고민은 할 만큼 했으니, 이제 실행해야 할 순간이라고 생각했다.

위원 중 한 명에게는 광고 유치를 제안할 기업 목록을 작성하게 했다. 다른 위원은 그 기업들의 홍보부서 연락처를 조사했다. 요즘이야 인터넷에 검색하면 어지간한 기업 정보를 얻는 건 일도 아니지만, 당시에는 쉽지 않은 일이었다. 찬조금을 요청할 기업가는 내가 직접 조사했다.

그렇게 알아낸 기업들에 전화를 하고, 편지도 쓰고, 어떤 곳은 직접 찾아가기도 했다. 찬조금을 요청할 기업가는 일일이 전화를 돌리고 찾아가서 만났다.

결과부터 말하자면, 기업들의 반응은 생각보다 훨씬 호의적이었다. 기업 이름을 밝힐 수는 없지만, 기업들은 흔쾌히 우리 제안을 받아들였다. 아마 그 기업들도 광고 효과가 클 것이라고는 전혀 생각지 않았을 것이다. 다만 대학생을 후원해주고자 하는 마음이 컸을 것이라 본다. 특히 찬조금을 후원한 분들은 그런 마음이 컸을 것이다. 더불어 기업 입장에서는 자신들에 대해 좋은 이미지를 심어줄 기회로 여기지 않았을까 싶다.

어쨌든 결과는 성공적이었다. 60년대부터 이어져온 행사였지만, 그때만큼 성공적으로 진행된 적은 없었다고 한다.

돌이켜보면 이는 일종의 이벤트 사업을 진행한 것과도 같은 경험이었다. 짧았지만, 생전 처음 큰돈이 오가는 행사를 직접 기획하고, 회의를 통해 아이디어를 모으고, 실행하고, 자금을 마련하고, 인력을 배치하고, 사람을 만나 거래하고, 협상하고, 진행했다. 어쩌면 내게 원래 추진력이 있었을 수도 있으나 이런 기회가 아니었다면 있는 줄도 모르고 지나갔을 가능성이 높다.

그렇다고 해서 그날 이후로 내가 '나의 강점은 추진력'이라고 확신하게 됐다거나, 이를 무기로 내세운 사업을 찾은 것은 아니다. 하지만 확실한 것은 그때의 경험 이후로는 웬만한 일을 눈앞에 두더라도 두렵지 않았다. '추진력'이라고 이름 붙이지는 않았으나, 이전까지 해보지 않았던 새로운 무언가를 시작해야 할 때도 얼마든지 해낼 수 있다는 자신감이 생겼기 때문이다.

이처럼 경험들은 그 당시에는 몰랐으나 지나고 보니 모두 내가 사회생활을 하고 사업을 하는 밑거름이 되어주었다. 그래서 버릴 경험은 하나도 없는 법이고, 어떤 경험을 하느냐 못지않게 이를 통해 무엇을 배웠느냐가 중요한 것이다. 무엇보다도 그런 경험에서 자신이 할 수 있는 최선을 다하는 것이 중요하다. 최선을 다해도 성공한다는 보장은 없지만, 최소한 후회는 남지 않을 것이고, 어떤 점이 부족했는지를 배울 수 있다. 허나 최선을 다하지 않은 상황에서는 성공한다 해도 이는 운 덕분이었을 테니 불안하다. 다음번에도 성공할 수 있다는 자신감이 생기지 않는다. 또한 그런 상황에서 실패할 경우 배울 것도 없다. 그저 '최선을 다해봤어야 하는 건데' 라는 후회만이 남을 뿐이다.

내가 이런 경험을 통해 배운 것은 수도 없이 많지만, 그중 또 하나 중요한 점을 짚고 넘어가자면 바로 '사람'이 중요하다는 것이다. 앞서 말했듯이 예산을 훨씬 초과하는 행사를 기획했고, 시간이 넉넉하지 않았던 것은 사업으로 따지자면 일종의 위기였다. 삶에서든 사업에서든 위기란 예상치 못한 시간이 불쑥 찾아오기도 한다. 이때 좌절이 아닌 극복을 택했다면 그에 맞는 전략을 세워야 함은 물론이다. 그리고 전략을 세우는 것도, 실행하는 것도 결국은 사람이다.

이때의 성공은 나 혼자 거둔 것이 아니다. 나를 믿고 따라준 동기와 선후배들이 있었고, 자료 조사부터 연락과 협상까지 모든 것을 이들이 함께했다. 또한 별다른 광고 효과가 없을 것을 알면서도 학생들을 위하는 마음에서 광고를 내기로 결정한 기업가도, 찬조금을 선뜻 후원해준 사업가도 결국은 사람이다. 이 경험은 알게 모르게 '삶도 사업도 사람이 전부다' 라는 나의 철학을 만드는 자양분이 됐다.

> # 사장의 역할 :
> # 사장은 꽃밭을
> # 가꾸는 사람이다

나는 사장이란 '꽃밭을 가꾸는 사람'이라고 생각한다. 이런 비유를 좋아하는 이유는 사람 하나하나는 꽃처럼 각자의 향기와 아름다움이 있다는 생각 때문이기도 하고, 보통 꽃은 소중히 다루니 그처럼 사람도 소중히 대해야 한다는 생각 때문이기도 하다. 뿐만 아니라 경영의 측면에서 보더라도 회사를 만들고 사람을 뽑아 교육하고 운영하는 것은 꽃밭 터를 구하고 꽃을 심고 가꾸는 것과 공통점이 많다. 그중 대표적인 몇 가지만 예를 들어 살펴보더라도 내 말의 의미를 이해할 수 있을 것이다.

첫째, 꽃밭을 만들려면 터, 즉 토대가 중요하다. 이 터는 꽃이 잘 자랄 만큼 좋은 토양을 기본으로 갖춰야 하고, 일조량도 적절해야 한다. 그밖에도 많은 요소를 고려해 터를 잡아야만 꽃이 잘 자랄 수 있다. 마찬가지로 사업 역시 토대가 탄탄해야 회사가 안정적으로 성장할 수 있다. 이 토대란 수익구조라 볼 수도 있을 것이다. 회사의 수익은 물론 직원 개개인이 최소한 일한 만큼은 받을 수 있는 수익구조가 갖춰지지 않으면 그 회사는 건실하다 할 수 없다. 결국 단 한 번의 위기도 넘기기 힘들 뿐더러, 심한 경우 특별한 위기가 찾아오지 않아도 쓰러질 수도 있다.

둘째, 꽃밭을 가꾸려면 우선 어떤 꽃밭을 만들고 싶은가를 생각해야 할 것이다. 원하는 꽃밭의 이미지를 머릿속에 명확히 그리고 있어야만 어떤 꽃들로 꽃밭을 채울 것인지, 규모는 어느 정도로 할 것인지 등을 모두 정할 수 있다. 회사도 어떤 사업을 할 것인지, 어떤 사람들로 채워나갈 것인지를 머릿속에 그려두지 않으면 여러 유혹에 흔들리고, 회사 분위기를 해치는 사람을 뽑게 될지도 모른다. 또한 '기업문화'가 제대로 자리 잡지 못할 것이다. 사장은 방향을 정하고 그에 맞는 사람을 뽑아 교육할 뿐, 기업문화란 결국 직원들이 만들어가는 것이기 때문이다.

셋째, 꽃밭은 전체적인 '조화'가 중요하다. 꽃밭을 가꿀 때는 꽃 하나하나도 중요하지만 전체를 볼 줄 알아야 한다. 그냥 '꽃 가꾸기'가 아니라 '꽃밭 가꾸기'이니 당연한 이야기다. 한 송이만 놓고 보면 향기롭고 예쁜 꽃이라도 꽃밭에서는 전체적인 조화를 깨뜨릴 수도 있고, 다른 꽃들에게 가야 할 양분을 독차지할 수도 있다. 반면 그 자체로는 그다지 눈에 띄지도, 향기롭지도 않지만, 다른 꽃들과 조화를 이룸으로써 빛을 발하는 꽃도 있게 마련이다. 예를 들어 안개꽃은 그 자체로는 그다지 인기를 끌지 못하지만, 다른 꽃들과 어우러질 때 그 자신도, 함께 놓인 다른 꽃도 돋보이게 만드는 것처럼……. 앞서 말한 것처럼 '나쁜 인재'란 없다. 누구나 장점을 가지고 있다. 피터 드러커의 말처럼 '의사결정권자'가 있는가 하면 '참모'도 있는 것이다. 개개인의 능력도 중요하지만 이들이 조화를 이루어 시너지를 내게 하는 것이 사장의 역할이다.

넷째, 꽃밭을 가꾸다 보면 궂은일도 해야 한다. 꽃밭은 겉으로 보기에는 화려하고 예쁠지 몰라도 그렇게까지 밭을 가꾸는 과정은 그리 아름답지만은 않을 수도 있다. 흙투성이가 되어야 할 때도 있고, 냄새가 지독한 비료를 뿌려야 할 때도 있다. 잡초를 제거하느라 허리를 펴지 못하고 일할 때도 있고, 해충을 잡기 위해 구슬땀을 흘리기도 해야 한다. 그런 '고된 노동'을 밑바탕으로 삼을 때, 아름답고 향기로운 꽃밭이 만들어지는 것이다. 사장은 회사를 운영할 때 이처럼 궂은일을 해야 할 때가 있다. 초창기에는 거래를 하나 트기 위해 여기저기 찾아다니며 굽실거려야 할 수도 있고, 남들에게 아쉬운 소리를 해야 할 수도 있다. 나 역시 비즈니스센터 입주할 때만 해도 보증금 없이 이용하기 위해, 임대료를 깎기 위해, 허용되는 것보다 많은 책상을 들여놓기 위해 아쉬운 소리를 해야만 했다. 물론 비즈니스센터 김 대표가 내 상황을 잘 이해해줘서 많은 양보를 해준 것은 지금까지도 고맙게 생각하지만, 당시의 나로서는 자존심을 내려놓고 이야기해야 하는 상황이 당연히 달갑지 않았다. 그러나 해야만 할 일이었고, 그런 상황이 결과를 맺었기에 내가 원하는 회사를 만들어 지금껏 운영해올 수 있었던 것이다.

다섯째, 안타깝지만 가지치기와 솎아내기를 해야만 할 때가 있다. 꽃이 더 아름답고 향기롭게 자라려면 제때 가지치기를 해야 하고, 잡초 또는 꽃밭에 맞지 않는 꽃들은 솎아내야 한다. 회사에서도 이런 작업이 필요한 경우가 있다. 그 대상은 회사의 분위기를 해치는 직원이 될 수도 있고, 이용 대금을 제때 지급하지 않거나 거짓말을 해대는 거래처일 수도 있다. 어쨌든 로버트 서튼 교수가 말한, 소위 '썩은 사과'를 골라내는 작업은 다른 사람도 아닌 사장이 직접 해야만 할 일이다.

나 역시 이런 일을 해야만 했는데, 특히 '사람에 대한 존경심'으로 회사를 차리고 운영해오는 내게 있어 절대로 쉬운 일이 아니었다. 하지만 회사를 위해서라면 해야 할 일이었기에 이를 악물고 했다. 피플케어 창업 첫해에는 매달 한 번씩, 2년차부터는 3개월에 한 번씩 모든 헤드헌터들과 개별면담(Individual Review Meeting)을 진행했는데, 이때 한 헤드헌터의 이름(편의상 김 부장이라고 부르겠다)을 몇 차례 듣게 됐다. 헤드헌터 업무보다 다단계 판매에 더 열을 올리고 있을 뿐만 아니라, 주위 헤드헌터들은 물론 심지어 후보자 고객까지 다단계 판매에 끌어들이려 한다는 이야기였다. 이는 회사 이미지를 떨어뜨림은 물론이고, 다른 헤드헌터들에게도 영향을 끼쳐 회사 분위기를 해치는 꼴이었다. 더구나 이 일과 관련해 직원들 사이에서 불만의 목소리가 터져 나오고 있었다. 실제로 사무실 분위기도 좋지 않았다.

나는 개별 면담 때 김 부장에게 이와 같은 사실을 알렸다. 헤드헌터란 특히 초창기에 최소 6개월에서 1년은 집중해 고객을 확보해두지 않으면 해내기 어려운 일인 만큼, 헤드헌터 일과 다단계 판매업을 병행하기 어려울 테니 둘 중 하나를 택하라고도 했다. 결론적으로 김 부장은 다단계 판매를 포기할 수 없다며 회사를 나갔다. 스스로 회사를 나가긴 했지만, 사실상 내가 내보낸 것과 다름없었다. 그리고 김 부장이 퇴사한 이후로 사무실은 다시 활기를 되찾았다.

여섯째, 꽃밭은 세심한 주의가 필요하다. 꽃을 심어놓기만 한다고 꽃밭이 유지되지는 않는다. 제때 물도 주고 햇빛도 쪼여주고 비료도 줘야 한다. 해충이나 바이러스 등의 피해를 입지 않았는지 수시로 확인하고 조치를 취해야 한다. 심지어 물을 주는 것만 해도 꽃마다 주기가 다르고 줘야 하는 양이 다르다. 여러 꽃을 키운다면 각자의 주기를 지켜, 적절한 양만큼 준다는 것이 쉬운 일은 아니다. 회사도 마찬가지라서 직원을 뽑아둔다고 알아서 운영이 되지는 않는다. 앞서 김 부장 사례에서도 만약 직원들의 업무 내외적인 어려움과 진행사항 등을 터놓고 이야기할 수 있는 개별 면담이 아니었다면 모르고 지나갔을 수도 있다. 그랬다면 다른 직원들이 피해자가 됐을지도 모른다. 사장이라면 직원들의 프라이버시를 지켜주면서도 그들의 업무 외적인 고민 역시 알 수 있어야 한다. 물론 끝까지 함구하는 직원의 사생활을 강제로 캐낼 수는 없겠지만, 최소한 업무에 지장이 생길 정도의 사생활이라면 사장은 알아야 할 의무가 있는 것이다. 그래야 직원이 일도 더 잘할 수 있고, 행복도 찾을 수 있다.

일곱째, 꽃밭의 주인공은 결국 꽃이다. 아무리 꽃밭을 가꾸는 데 열과 성을 쏟았어도, 결국 그 꽃밭에서 진정한 주인공은 꽃들이다. 꽃밭을 구경하는 사람들은 그곳을 키운 사람이 들인 시간과 노력을 알아야 할 필요가 없다. 그들은 꽃 자체에만 관심을 갖게 마련이다. 꽃밭에서는 꽃이 주인공이기 때문이다. 이처럼 회사에서 일할 직원을 뽑고 교육하는 것은 사장이지만, 일단 그렇게 해두면 결국 회사를 움직이는 것은 직원들이다. 그들이 주인공으로서 활약할 수 있는 자리를 마련하는 게 사장의 역할이다. 나 역시 헤드헌터들이 각자 스스로를 주인공으로 여길 수 있게 하기 위해 애썼다. 그러려면 각자가 자신의 직업을 소중히 여기고 회사를 자랑스러워하게 만드는 게 우선이다. 교육할 때면 항상 헤드헌팅 서비스가 어째서 그리 중요한지를 설명해 직업적인 자부심을 느끼게 하고, 일한 만큼 벌 수 있음을 강조함으로써 일에 열중하게 만드는 데 주력한다. 그리고 실제 성과를 내기 시작하면 이들은 모두 내가 말해준 대로 스스로를 '개인사업자'라 여기게 되고, 여기서 주인의식이 생겨나며,

스스로를 일의 주인공이라 생각하게 된다. 또한 이들을 주인공이라 여기게 되면 감히 함부로 대할 수 없게 돼, '사람에 대한 존경심'이 자연스레 이루어진다.

이처럼 나는 사장이란 '꽃길을 걷는 존재'가 아니라 '꽃밭을 가꾸는 자'라 생각한다. 그런 철학으로 회사를 설립하고 운영해왔고, 사람을 뽑고 키워왔다. 그 결과, 업계에서 두고두고 회자될 만큼 빠른 속도로 성장하면서도 초심을 잃거나 흔들리지 않을 수 있었다.

언제나 WIN-WIN이 우선이다

　　　　　　　　　　　말했듯이 나의 최대 강점은 영업력과 추진력이다. 특히 영업에 있어서는 늘 성과가 좋았다. 이를 통해 인력파견 시장과 헤드헌팅 시장에서 인정을 받았고, 자신감을 가지고 사업을 시작할 수 있었다.

　하지만 나는 정작 피플케어를 시작한 이후 이 최대의 강점을 '직접' 활용하지는 않았다. 내가 가장 큰 강점을 가진 '신규 고객 영업'을 하더라도, 직접 헤드헌팅 후속 업무를 하는 것은 손을 뗀 것이다.

　이유는 간단하다. 어느 업종이나 그렇겠지만, 특히 헤드헌팅 업계는 경쟁이 매우 치열하다. 바로 옆자리에 앉아 같이 점심도 먹고 커피라도 한잔하며 수다를 떠는 그 동료가 실제로는 경쟁자일 수가 있다.

개인성과에 바탕을 둔 보상체계를 가지고 있는 헤드헌팅 업계의 특성상, 외부 경쟁뿐만 아니라 내부 경쟁도 의식하기 때문이다.

헤드헌팅업계의 어떤 헤드헌터도 입 밖으로 내지는 않지만 모두가 인정할 만한 말이 있다.

"회사에 신입 헤드헌터가 들어오는 것을 좋아하는 헤드헌터는 없다."

그런데 여기서 사장이 직접 헤드헌팅에 나선다면 어떻게 될까? 사장과 직원이 경쟁하는 꼴이 되지 않겠는가?

실제로 그런 회사도 많다. 특히 규모가 작은 회사일수록 사장도 헤드헌팅 업무에 직접 나서게 된다. 먹고살려면 어쩔 수 없는 일이긴 하다. 한데 이렇게 되면 사장과 직원 사이에 항상 긴장감이 생기게 되고, 서로에게 숨기는 것들이 생길 수밖에 없다. 특히 헤드헌팅 회사에서 대부분의 정보는 사장이 쥐고 있다. 기업고객이 먼저 접촉을 해와도 사장이 먼저 알게 돼 있다. 그런데 사장이 직접 헤드헌팅 일을 하고 있다면, 좋은 조건의 기업은 자신이 차지하고 소속 헤드헌터들에게는 상대적으로 조건이 좋지 않은 기업고객의 정보만 넘길 수도 있다.

헤드헌터 직원 또한 당연히 보고해야 할 사항이 있어도 은근슬쩍 넘기려 할 수도 있다. 이런 상황에서 회사가 제대로 돌아가겠는가? 더구나 헤드헌터 입장에서는 사장이 좋은 정보를 혼자 독차지하는 이상 그곳에 더 남아 있을 이유가 없다. 이직이나 퇴사가 이어질 것이다.

나는 피플케어를 창업할 당시에 이를 파악했다. 그래서 피플케어 헤드헌터들을 지원하기 위해 신규 기업고객을 늘리는 영업은 직접 나섰지만, 사업 초기를 제외하고는 적합한 후보자를 찾아 추천하는 후속 헤드헌팅 업무를 직접 하겠다고 나서지는 않았다.

그렇다고 나의 영업 노하우가 그냥 썩히기에는 아까웠다. 그래서 이를 다른 방식으로 활용하기 시작했다. 직원들에게 노하우를 적극 전수한 것이다.

앞서 말한 대로 내 역할인 '꽃밭을 가꾸는' 데 주력했다.

또한 헤드헌터들 사이의 경쟁도 최소화하고 그들이 서로 협력할 수 있도록 시스템을 만드는 데 주력했다. 앞에서도 설명한 적이 있는데, 헤드헌터도 각자 성향이나 강점이 달라 누군가는 신규 기업고객을 유치하는 데 뛰어나고, 누군가는 좋은 후보자고객을 찾는 데 탁월하다. 이 경우 전자는 기껏 기업고객과의 거래를 뚫어놓고도 막상 적당한 후보자를 연결하지 못해 거래가 틀어질 수가 있다. 반면 후자는 좋은 후보자 리스트가 잔뜩 있지만 이들을 소개해줄 마땅한 기업이 없어 발만 동동 구르기도 한다. 이럴 때 둘을 필요한 순간에 한 팀으로 엮어주면 WIN-WIN이 이루어지면서 큰 시너지를 낸다.

기업고객에게서 의뢰가 들어왔을 때 제대로 된 후보자를 제때 연결해주지 못하면 그 한 번의 거래가 틀어지는 것에 그치지 않는다. 자칫하면 아예 그 기업고객과의 연이 끊어질 수도 있다. 장기적으로 큰 수익을 올려줄 수 있는 고객을 놓치게 될지도 모르는 것이다. 그래서 기업고객의 요청이 들어왔을 때 어떻게든 좋은 후보자를 찾아야 하는데, 이때 후보자 서치에 탁월한 직원이 대신 적절한 후보자를 찾아주면 둘 다, 나아가 회사까지 도움을 받게 된다. 헤드헌터는 기업고객만 수없이 유치해도, 후보자 리스트만 잔뜩 가지고 있어도 수익을 낼 수 없다. 손을 마주쳐야 소리가 나는 것처럼, 양쪽을 조화롭게 연결하는 것(Matching)이 중요하다. 그럴 수 없을 경우 서로 힘을 합친다면 더 이상 그들은 경쟁관계가 아닌 진정한 동료로 거듭나는 것이다.

2부

사업가란
태어나는 것이 아니라
만들어지는 것이다

3장
실패에는 이유가 있다

피플케어 그룹의 설립 목적은 '사람에 대한 존경심'을 실현하는 것이다. '이용자와 종사자 모두가 행복해질 수 있도록' 운영하는 것이 나의 철학이다. 나의 철학을 흔들림 없이 지켜왔다고는 할 수 없다. 하지만 이런 흔들림은 잠시 뿐이었다. 이런 철칙들이 실패의 '경험'을 통해 각인되었기 때문에 결국에는 제자리로 돌아올 수 있었다.

> 파란만장했던
> 직장생활과
> 첫 사업 실패

대학 졸업 후 나의 직장 생활은 순탄하지 않았다. 30대 중반까지, 건설회사, 컴퓨터회사, 교육재단 이렇게 세 군데 직장을 옮겨 다녔는데, 회사들이 부도나거나 매각되면서 세 번이나 전직하는 경험을 했던 것이다.

이 파란 많은 직장 생활을 통해 많은 것을 배울 수 있었다.

흔히 '사업을 배우려면 작은 회사로 가라'는 말들을 하는데, 무조건 옳다고는 할 수 없지만 어느 정도 수긍이 되는 말이기도 하다. 작은 회사는 인력이 부족해 한 사람에게 더 많은 경험과 기회가 열려 있으니 더 다양한 직무를 체험해볼 수 있기 때문이다. 요즘 말로는 이런 상황을 '열정 페이'라고 해서 부정적으로 보는 시각이 지배적인 듯하고, 나 역시 그게 꼭 좋은 일이라고는 생각지 않는다. 누군가는 한 분야에서 진득하게 전문성을 쌓고 싶을 수도 있으니 말이다. 기껏 재무 쪽을 경영해 재무팀으로 입사를 했는데 뜬금없이 현장 영업을 내보내거나 인사 업무를 담당하라고 한다면 좋지만은 않을 것이다. 다만 내가 말하고 싶은 것은, 작은 회사에서는 원하지 않더라도 여러 업무를 경험하게 될 가능성이 높고, 그게 사업을 할 때는 도움이 되는 것이 '사실'이라는 점이다. 그게 '열정 페이'라는 이름으로 비난을 받건 배움의 장이라고 생각하건, 자신이 원했건 원하지 않았건, 그것과는 무관하게 '사실'은 변하지 않는다.

내가 처음 직장생활을 시작한 건설회사 역시 대기업은 아니고 중견기업이었다. 그리고 나 역시 여러 가지 직무를 돌아가며 맡았다. 특히 내가 입사할 때도 썩 좋지는 않았던 회사 상황이 점점 안 좋아지면서 분위기가 요동을 쳤고, 직원들의 부서 이동이 잦았다. 나는 도심 재개발 추진을 담당한 팀 소속으로 일하다가, 자재 구매 담당자가 되기도 했고, 현장에서 영업을 하기도 했다.

나 역시 당시에는 잦은 부서 이동에 짜증이 났고, 한 부서에서 좀 익숙하고 편안한 일을 하고 싶었다. 당시에는 그 소중함을 느끼지 못하고 지나지만, 후에 자신에게 얼마나 큰 도움이 됐는지 깨닫게 되는 그런 경험들이었다.

앞으로 내가 이야기하게 될 첫 사업 실패 이후 이를 딛고 일어설 수 있었던 것은 이때 배운 영업 능력 덕이었다. 또한 새로운 사업을 시작하면서 인사, 재무, 회계, 기획, 영업 등을 모두 사장인 나 혼자 해내야 했는데, 그 대부분의 업무를 미리 경험해봤기에 한결 편했다. 그런 경험이 아니었더라면 사업에 성공하기는커녕 시작이나 제대로 할 수 있었을지 의문이다.

그러나 나에게 선물 같은 경험을 안겨주었던 첫 직장은 오래 다닐 수 없었다. 회사가 결국 문을 닫았기 때문이다.

그리고 두 번째 세 번째 몸 담았던 직장의 사업이 내 의지와 무관하게 다른 곳으로 넘어가게 되었다. 이 직장에서도 여러가지 업무를 경험해본 고마운 곳이었으나, 아쉽게 매각되었다.

남아 있으려면 남아 있을 수도 있는 상황이긴 했다. 하지만 '윗선'이 바뀌고 새로운 사람들로 채워지면서 선택의 기로에 놓이게 되었다.

"어떻게 할까?"

나는 아내에게 이렇게 물었다. 이 질문은 남아야 할지 아니면 나가야 할지를 물은 것이 아니었다. 나간 이후 어떻게 하는 게 좋을지, 몇 가지 선택지를 두고 의견을 물은 것이었다.

내게 놓인 선택지는 여러 가지인 듯했지만, 간단하게 추리면 두 가지였다. 다른 곳에 취업을 하거나, 내 사업을 시작하거나.

"당신이 원하는 대로 해. 난 당신 믿으니까."

아내의 이 한마디로 나는 결정을 내렸다.

'좋아, 해보는 거다. 못할 이유가 뭐 있나?'

그렇게 나는 사업을 해보기로 결심했다.

나와 아내는 함께 학원 사업을 시작해보기로 했다. 학원 사업으로 정한 이유는 간단했다. 나는 이전 회사에서 교육 쪽 사업 초기 론칭을 해본 적이 있었고, 아내는 교사로 아이들을 가르친 경험이 있어서 그 경험을 살리기 좋을 것이라 판단했기 때문이다. 또한 식당이나 치킨가게 등은 별 관심도 없었고, 잘할 자신도 없었다. 더구나 나는 '사람을 위하는' 일을 하겠노라고, 보람 있는 사업을 하겠노라고 이미 결심을 한 상황이었다. 물론 식당도 배고픈 사람들에게 맛있는 식사를 제공함으로써 포만감과 즐거움을 줄 수 있지만, 그보다는 교육 쪽이 좀 더 보람 있을 것 같았다.

30대 중반의 가장으로서, 나는 막중한 책임감을 가지고 사업을 시작했다. 주변 분위기와 교통의 편리성, 임대료 등을 다양하게 고려해 적당한 곳에 학원을 열었다. 처음부터 종합반을 지향해 외국인 영어 교사까지 고용했다.

한동안 사업은 순항했다. 큰 학원은 아니었으나 점점 학생이 늘었다.

아내와 나는 선택의 기로에 섰다. 현상을 유지할 것인가 아니면 과감한 투자를 할 것인가?

나는 후자를 택했다. 우선 당시의 시설로는 이미 벅찬 상황이라 학생이 더 늘면 수용할 수가 없었다. 수업을 들으러 찾아오는 아이들을 시설이 부족해 못 받는 상황이 올 수도 있었다. 더구나 아이들의 학원비를 내는 부모 입장에서도 작은 학원보다는 규모가 큰 학원에 더 신뢰가 갈 것은 당연했다.

그래서 시설을 2배 이상으로 늘렸다. 돈을 빌려 시설을 확충했고, 선생도 더 뽑았다. 전단지도 만들어 뿌리면서 홍보도 했다.

하지만 안타깝게도 학생 수는 기대만큼 늘지 않았다. 시설과 선생 수는 2배가 넘었는데 학생 수는 이전보다 조금 더 늘었을 뿐이다. 수입은 조금밖에 늘지 않았는데 지출은 2배 이상으로 뛰었으니 사업이 제대로 유지될 리 없다. 나의 첫 사업은 그렇게 어려워지기 시작했다.

그 상황에서 엎친 데 덮친 격으로 몇 가지 불운까지 겹쳤다. 우선 시기적으로 당시 IMF 외환위기가 찾아왔다. 개인사업자는 물론이고 대기업까지 부도가 나는 건 예삿일이 됐고, 실업률이 폭등했으며, 서민들은 어려워진 현실에 허리띠를 졸라맸다. 교육 사업은 경기의 영향을 덜 받는다고들 하는데 꼭 그렇지는 않다. 오히려 '같은 돈을 쓸 거면 좋은 곳을 보내기라도 하자'는 생각에, 학원 사이에서도 부익부 빈익빈 현상이 발생한다. 학생도 몰리는 학원으로만 몰리고, 한 번 관심에서 밀려난 학원은 점점 강의실이 비기 시작한다.

그래도 어떻게든 사업을 살려 보겠다고 동분서주하던 상황에서 지금 생각해도 황당한 사건이 일어났다. IMF 외환위기 때라 여기저기 폐업이 속출했는데, 같은 건물의 다른 층 업체의 사업도 어려워져 문을 닫게 됐다. 그런데 건물주가 실수를 한 것인지 건물 입구에 폐쇄한다는 내용의 쪽지를 써서 붙여두었고, 이를 본 사람들은 우리 학원도 문을 닫는 것으로 오해했다. 결국 다니던 수강생들도 발길을 돌렸고, 심지어 환불을 요구하기도 했다. 신규 등록을 하러 문 앞까지 왔다가 돌아가기도 했다. 말 한 마디의 위력이 어느 정도인지 절실히 깨닫게 됐다.

후에 건물주는 자신의 실수를 깨닫고 내게 사과했지만, 이미 엎질러진 물이었다. 아무리 설명을 해도 한 번 발길을 돌린 학생들은 다시 돌아오지 않았다.

외환위기가 오기 얼마 전, 이미 학원이 어려워지기 시작한 상황에서 뭔가 타개할 방법이 필요하다는 생각에, 나는 돌이켜보면 최악의 수였을지도 모르는 선택을 하게 됐다. 지인 중 한 명이 '앞으로 모든 사업은 주차장 싸움'이라고 말해 그쪽에 관심을 가지게 된 적이 있는데, 결국 주차 미터기 사업을 덜컥 시작해버린 것이다. 그게 내가 생각한 타개책이었다.

물론 그렇게까지 쉽게 결정한 것은 아니었다. 당시 나는 미국까지 찾아가 첨단화된 주차 시설과 미터기 등을 직접 눈으로 보고 오기도 했다. 거기서 나 역시 가능성을 봤고, 그래서 '걸어볼 만하다'고 여긴 것이다. 더구나 우리나라의 자동차는 가히 폭발적이라 할 정도의 증가 추세였으니 주차 시설에 대한 수요가 늘 것은 뻔했고, 그렇다면 주차미터기 역시 필요로 하는 곳이 증가할 수밖에 없었다.

그렇게 학원 운영은 아내에게 맡기고 나는 주차미터기 사업에 주력하다가 저녁에는 또 아내와 같이 학원을 어떻게 끌어갈 것인지에 대해 상의하는 하루하루가 이어졌다. 그러던 중 앞서 말한 대로 IMF 외환위기가 터지면서 악몽이 시작됐다.

> "다른 사람한테
> 부탁해도
> 되잖아."

　　　　　　　　내 인생에서 사업을 하면서 가장 힘들었던 것을 꼽으라고 한다면 나는 주저 없이 '돈 빌리는 것'이라고 답하겠다. 신규영업이나 직원교육 등은 돈 구하는 것에 비하면 일도 아니라는 생각이 들 정도로, 내게는 돈 마련하는 것이 힘든 일이었다.

　은행에서도 대출을 받기 어려워진 시기에 꼭 필요한 운영 자금에서 500만 원 정도가 부족했던 적이 있다. 고민 끝에, 나는 처음으로 고향 친구 영덕에게 부탁하기로 결심했다. 당시의 500만 원은 지금보다 큰돈이니 부담될 수도 있는 상황이었지만, 그때는 도리가 없었다. 그래도 친했던 영덕이라면 좀 편하게 부탁할 수 있을 것 같았다.

그렇게 결심을 해놓고도 한참을 망설이다가 연락을 했다. 사실 그때까지 가족 외에는 누구에게도 사업이 어렵다는 것을 이야기하지 않았기 때문에 연락하기가 좀 더 껄끄러웠다. 하지만 거절당하더라도 간만에 만나서 이야기라도 나누면 힘이 될 것 같았다.

오랜만의 전화를 영덕은 반갑게 받아주었다. 인사와 함께 간단한 근황 이야기가 오간 후, 나는 쓴 약을 꿀꺽 삼키는 심정으로 이야기를 꺼냈다.

"영덕아, 그런데 사실 내가 요즘 사업이 좀 어려워졌어. 당장 500만 원이 필요한데 은행에서는 보증인이 있어야만 대출을 해줄 수 있대. 그래서 부탁인데, 혹시 보증 좀 서줄 수 있어?"

이 말을 꺼내기까지 정말 힘들었는데, 영덕은 너무도 선뜻 그렇게 해주기로 했다.

"그래, 알았어. 내일 이쪽 올 일 있다고 했지? 내려와서 전화해."

다음 날 저녁 7시를 앞두고 나는 고향의 버스터미널에 도착해 영덕의 집으로 전화를 했다. 영덕의 아내가 전화를 받더니 지금 외출 중이라고 했다. 나는 영덕이가 어디 있는지를 확인한 후 그쪽으로 이동했다. 가는 동안에도 머릿속이 복잡했다. 분명 7시에 만나기로 했는데, 깜빡한 걸까?

의문을 안고 도착한 곳은 한 고깃집이었다. 안내를 받아 들어가 보니 영덕 외에도 4명의 고향 친구들이 더 있었다. 친구들은 오랜만에 만난 나를 반가워했다. 나 역시 반갑긴 했지만, 이런 식으로

3장 실패에는 이유가 있다

만난 것은 좀 얼떨떨했다.

"중진아, 너도 한잔해."

영덕은 나와의 약속을 잊은 것인지 자연스럽게 내게 합석을 권했다. 거절하기도 뭐하고 해서 자리에 앉았지만, 마음이 편치는 않았다. 더구나 술자리는 금방 끝날 분위기도 아니었고, 그런 상황에서 영덕과는 아무 이야기도 나눌 수 없었다.

소주 두 잔을 받은 후, 나는 친구들에게 할 일이 있다고 말하고는 자리에서 일어났다.

혼자서 터덜터덜 돌아가는 골목이 유달리 어두웠던 것은 단지 밤이라서만은 아닌 듯했다. 나의 마음 역시 어두워졌다. 솔직히 나는 좀전의 일이 믿어지지 않았다. 믿었던 친구가 이런 식으로 나올 줄은 몰랐다. 차라리 처음부터 안 된다고 거절했으면 이렇게 비참해지지는 않았을 것을…….

하지만 나는 다음 날 서울행 버스를 타기 전, 다시 한 번 영덕에게 전화를 걸었다. 아무래도 믿을 수가 없었기 때문이다. 일부러 약속을 만들어서 나를 피한 것은 아닐 거라 생각했다.

몇 번 벨이 울리고, 영덕이 전화를 받았다. 우리는 다시 시답잖은 인사를 나눴고, 나는 조심스레 물었다.

"근데 영덕아, 내가 전에 전화로 부탁했던 500만 원 은행 보증은 서줄 수 있는 거야?"

이번에도 나는 힘들고 조심스럽게 이야기를 꺼냈지만, 영덕은 별

일 아니라는 듯 답했다.

"아, 그거? 그건 다른 사람한테 부탁해도 되잖아."

나로서는 할 말이 없었다. 마음속으로는 무정하다고 영덕에게 화가 나면서도 또 한편으로는 그런 영덕의 심정도 편치만은 않을 거라는 생각도 들었다. 그리고 무엇보다도 친구에게 이런 부탁을 해야 할 정도로 사업을 제대로 하지 못한 내가 못난 놈이라는 생각이 들었다.

"아, 그래. 알았어. 잘 있어라."

전화를 끊고, 나는 서울행 버스에 몸을 실었다. 가슴이 먹먹했다. 겨울바람에 에이는 살갗보다 마음속에 느껴지는 한기가 더 차가웠다. 버스가 출발했다. 하천 제방 길을 따라 버스가 빠르게 달렸다. 차창 밖으로 점점 멀어져가는 고향 산하가 그 날 따라 처연하게 다가왔다.

그렇게 허해진 마음을 안고 서울로 돌아온 다음 날, 나는 학원 사업을 접었다.

나는 내가 타고난 사업가인 줄 알았다

사업가들에게 처음 사업을 시작하게 된 계기를 물어보면 그럴싸한 대답이나 감히 범인으로서는 범접할 수 없을 정도의 거창한 답변이 돌아오는 경우가 적지 않다. 어쩌면 그들은 정말 그런 마음가짐으로 사업을 시작했을 수도 있다.

하지만 고백하건대, 나는 첫 사업을 시작할 때 거창한 계획도, 고상한 사명감 같은 것도 없었다. 그저 막연히 '내 사업을 해보고 싶다'는 생각을 어릴 적부터 해왔고, 마침 내가 다니던 직장이 어려워지자, 덜컥 시작한 것이었다. 당시의 나는 무모하고 생각이 짧았다.

따지고 보면 내가 사업을 하고 싶다는 막연한 꿈을 키운 것은 아주 어린 시절부터였다. 부모님이 꽤 크게 사업을 하셨는데, 이를 옆에서 보고 자랐으니 나도 어른이 되면 당연히 사업가가 될 거라고 생각했다. 마치 사업이 유전적으로 타고나기라도 하는 것처럼 착각한 것이다. 게다가 어린 시절부터 친구들을 상대로 '장사'를 하기도 했는데, 그게 '난 사업가 기질을 타고났다'는 착각으로 이어진 듯하다.

초등학교 4학년 때 일이다.
왜 그랬는지는 모르겠지만, 나는 친구들에게 과자를 팔기 시작했다. 물론 내가 만들어서 판 것은 아니다. 당시 고향 마을에 있던 가게에서 여러 과자를 도매로 팔고 있었는데, 여기서 도매가로 산 과자에 약간의 이윤을 붙여 동네 아이들에게 판 것이다. 지금 생각해봐도 이해할 수 없는 일이지만, 어찌된 일인지 굳이 내게서 과자를 사는 아이들이 제법 있었다.

나는 내 방 한쪽에 창호지를 펼치고는 그 위에 과자를 진열해놓고 팔았다.
"찬주야, 이거 한 번 먹어볼래? 저건 어때?"
"어, 나 구름과자! 그거 살래!"
"영민아, 너는 뭐 먹고 싶어?"
"나는 누가사탕 줘."
이렇게 한바탕 장사를 하고 남은 과자는 다시 창호지로 덮어 다락에 보관했다.

그때 부모님이 사업을 크게 해서서 집안이 상당히 부유한 편이라 필요한 것은 웬만하면 다 가질 수 있었는데도 불구하고 그 어린 나이에 내가 왜 장사를 한 걸까?

이해할 수 없다고 말을 하긴 했지만, 사실 이유를 알고 있다. 내가 산 것에 이윤을 붙여서 파는 일이 재미있었던 것이다.

그때 내게서 구름과자를 샀던 친구 찬주는 현재 러시아에서 자동차회사 지사장으로 근무하고 있는데, 얼마 전에 한국에 왔을 때 오랜만에 만났다가 그때의 이야기가 나왔다.

"그때 네가 과자 팔았던 게 하도 신기해서 집에 돌아가서 엄마한테 말했더니, 우리 엄마가 그러시더라고. '고것 참! 그놈, 나중에 크게 되겠네' 라고……. 하하하!"

사실 어린 시절에 과자를 팔았던 기억은 찬주를 만나 다시 듣기 전까지 까맣게 잊고 지냈다. 그럼에도 이런 경험들이 쌓이면서 나는 스스로를 타고난 사업가라 '착각' 하기 시작한 것인지도 모른다. '내 몸에는 사업가 DNA가 흐른다' 라고 생각한 것일 수도 있다. 그리고 그런 착각을 안고 사업을 시작했으니 실패는 어쩌면 예견됐던 것인지도 모르겠다.

> ## 당신에게는
> ## 사업의 '이유'가
> ## 있는가?

나는 지금 '피플케어 그룹'을 15년 이상 운영해오고 있다. 서비스업처럼 변동이 심한 분야에서 15년이나 사업을 운영한다는 것은 결코 쉬운 일이 아니다. 특히 헤드헌팅 업체는 사장 혼자서도 설립해서 운영이 가능하다는 점에서는 진입장벽이 낮은 편이라 창업과 폐업이 잦은 분야이다. 경력이 좀 쌓이고, 능력에 자신이 있는 헤드헌터라면 한 번쯤은 창업을 해본다 해도 과언이 아닌 시장이다. 그런 곳에서 15년간 업계에서 손꼽히는 회사를 운영해온 것은 스스로 생각해도 참 장하고 대견한 일이다.

그러나 나의 첫 사업은 이미 앞에서 봤듯이 허무하게 시작해 허무하게 끝났다. 도대체 그때와 지금 무엇이 얼마나 다르기에 이런 차이가 생긴 것일까?

물론 그때보다 나는 경영자로서의 경험도 훨씬 풍부해졌고, 인맥도 더 다양해졌으며, 사업 시작 전에 해당 업계에서 훨씬 깊은 전문성을 쌓았다. 또한 앞선 사업 실패의 경험을 자양분 삼아 이번 사업을 더욱 잘 끌어오고 있는 면도 분명히 있다.

하지만 그것들이 나의 첫 사업과 피플케어의 '본질적인' 차이는 아니다. 두 사업에서의 성공과 실패를 가른 가장 본질적인 차이는 '사업의 목적'이었다.

사업에는 '합당한 이유'가 필요하다.

왜 이 일을 하려 하는가? 왜 '내가' 이 사업을 해야 하는가? 이 사업을 통해 어떤 사람에게 무엇을 제공하려 하는가?

그 외에도 수많은 질문에 답할 수 있어야 한다.

'피플케어 그룹'의 설립 목적은 '사람에 대한 존경심'을 실현하는 것이다. 쉽게 말해 '이용자와 종사자 모두가 행복해질 수 있도록' 하는 것이 피플케어를 운영하는 나의 철학이다. 우리에게 헤드헌팅을 요청하는 기업이라면, 우리를 통해 원하는 인재를 찾아 목표를 이뤄야 한다. 우리가 기업에 소개한 후보자라면, 그들이 원하는 조건과 환경을 갖춘 회사에서 자신의 능력을 마음껏 발휘할 기회를 바로 피플케어를 통해 잡아야 한다. 또한 피플케어에서 일하는 헤드헌터라면 모두 '부자'가 될 수 있어야 한다. 우리 회사에서

부자가 되지 못하더라도 여기서 배운 것들을 활용해 자신의 회사를 운영하건 다른 곳에 더 좋은 조건으로 스카우트가 되건, 어쨌든 부자가 될 수 있어야 한다는 의미이다.

이처럼 '사람에 대한 존경심'을 기반으로 하는 피플케어는 수많은 부침 속에서도 굳건히 견뎌낼 수 있었다. 나의 뜻에 공감하고 동의하는 사람들이 모여들어 팀을 이루었고, 우리의 철학에 감명한 기업들은 단골 고객이 되어주었다. 우리를 통해 원하는 회사에 입사한 후보자들은 다른 회사에 가더라도 우리를 그곳에 추천하거나, 이직을 원할 때 우리에게 먼저 알려 온다. 이 모든 것이 처음 회사를 설립할 때의 목적과 철학이 기반이 되었기에 가능했다.

반면 처음 학원 사업을 시작한 이유는 무척 편협했다. 물론 교육 사업이니 보람이 있을 것이라고 생각하긴 했지만, 진정한 지식과 지혜가 아닌 '입시 경쟁용 지식'을 가르치는 일에서 보람을 찾기는 한계가 있었다.

당시 사업을 시작한 이유들은 사실 무척 단순했다. 바로 앞에서 말했듯이 나 스스로를 타고난 사업가라 착각하기도 했고, 말 그대로 '막연하게' 언젠가는 사업을 하겠다는 생각을 가지고 있기도 했다. 막연하다고 한 이유는 '왜' 또는 '무엇을 이루기 위해' 사업을 하겠다는 건지 스스로도 몰랐기 때문이다.

이런 내적인 요인 외에도 외부적인 요인 또한 크게 작용했다. 내가 일한 건설회사가 어려움을 겪은 끝에 부도가 났고, 다음 직장인

컴퓨터회사와 교육 재단은 나의 능력이나 의지와 상관없이 다른 곳으로 넘어갔다. 그때까지 나의 사회생활은 100퍼센트 '휘둘리는' 입장이었던 것이다. 즉, 직장생활에서는 내 능력이나 의지와는 무관하게 쓰레기통에 처박힐 수 있었다. 세 번이나 연달아 그렇게 되고 보니 다시는 그런 일을 겪기 싫었다. 그리고 그 답은 내 사업을 하는 것이라 생각했다.

그러니까 내가 사업을 하고 싶었던 이유는 '막연히 해보고 싶어서'와 '내 뜻과 상관없이 휘둘리기 싫어서'로 요약할 수 있겠다. 그리고 여기에는 고객이나 타인은 전혀 들어 있지 않다. '내가' 해보고 싶고 '내가' 휘둘리기 싫어서 시작한 사업이니 조금만 힘들어져도 '내가' 힘들기 싫어서 그만두고 싶지 않겠는가? 더구나 철저히 나, 신중진을 위한 사업이었는데 누가 도우려 하겠는가? 그러니 그때의 사업이란 시작부터 실패를 담보한 것이었다고도 볼 수 있겠다. 만약 더 오랫동안 실패 없이 사업을 이어갔다면, 그게 천운이었으리라.

› 실패에서
배운다는 것

세상에는 진부한 이야기가 참 많다. 그리고 그런 이야기가 나오면 사람들은 지겨워하거나 귀를 닫는다. 자연스러운 반응이다.

하지만 생각해보면, 진부하다는 것은 그만큼 많이 회자된다는 뜻이다. 그리고 많은 사람이 자주 얘기한다는 것은 그만큼 검증됐다는 뜻일 수도 있다.

그래서 이번에는 진부한 이야기를 해보려 한다. 바로, 너무 뻔하지만 '실패에서 배운 것들'에 대한 이야기이다.

생각해보면 이때까지 내 인생은 '실패의 역사'였다. 이유야 어쨌든 직장생활을 세 번이나 실패했고, 두 개의 사업을 접어야 했다. 모든 것이 나이 마흔도 되기 전에 일어난 일이었다. 그리고 이때의 실패에서 배운 것들은 지금의 사업을 하는 데 있어서는 물론이고 나의 삶 전반에 있어서 지켜온 철칙들의 기반이 되어주었다. 바로 다음과 같은 것들이다.

첫째, 어떤 경우에도 친지나 친구, 이웃에게 돈을 빌리거나 보증을 부탁하지 않겠다는 것이다. 물론 사업을 하다 보면 아쉬운 소리를 해야 할 때도 있고, 무언가 부탁해야 할 경우도 있다. 실제로 피플케어를 시작한 이후로도 몇 번이나 사람들에게 크고 작은 부탁을 해야 했다. 하지만 절대로, 심지어 돈 한 푼 없이 빚만 있는 상황에서도 돈을 빌려달라거나 보증을 서달라는 부탁은 하지 않았다. 고향 친구 영덕과의 사이에서 있었던 바로 그 경험이 이런 결심을 하게 되는 결정적인 계기였다. 하지만 그건 결코 영덕이라는 친구가 잘못했다는 의미도, 배신감 때문도 아니다. 부탁하는 입장에서야 지인이 편할 수도 있지만, 부탁을 받는 입장에서는 가까운 사이일수록 거절하기가 힘들고 불편하다. 더구나 거절을 당하게 되면 부탁한 사람도, 부탁받은 사람도 서먹해지게 마련이라 가능한 한 지인에게는 부탁하지 않는 편이 좋다는 것이다. 실제로 나도 영덕과 그 이후로 연락이 끊겼다. 그 일이 영덕의 잘못이 아니었다는 것을 지금이야 알지만 성숙하지 못했던 당시에는 배신감을 느꼈던 게 사실이다. 더구나 거절한 영덕의 입장에서도 내게 연락하기란 다소 어색한 일이었을 것이다. 이처럼 돈 때문에 친구를 잃는 경험을 다시는 하고 싶지 않기에 나는 이 철칙을 철저히 지켜왔다.

둘째, 어떠한 고통이 있더라도 묵묵히 견뎌내는 법을 배웠다. 돈이 없으면 없는 대로 견뎌냈다. 아무 것도 없다고 해서 없는 것을 굳이 티를 내지도, 그렇다고 억지로 숨기지도 않았다. 해보면 알겠지만 둘 다 힘든 일이고, 아무런 의미 없는 행동이기도 하다. 그저 내가 당장 어찌할 수 없는 상황이라면 그 시기를 묵묵히 이겨내는 것밖에 방법이 없는 경우도 있음을 알게 됐다. 하지만 이럴 때는 장기적으로 볼 수 있어야 한다. 견뎌내고 이겨내는 힘은 희망에서 나온다. 나에게는 가족이 희망이었고, 이 어려움을 넘기면 더 나은 내일이 올 것이라는 믿음이 희망이었다. 물론 그렇다고는 해도 그 '더 나은 내일'이 오기 전까지 함께 어려움을 겪어야만 했던 가족들에게는 고마움 못지않게 미안함도 크지만 말이다.

셋째, '사람이 중요하다'는 것을 절절히 깨달았다. 삶에서건 사업에서건 전략을 강조하는 사람이 있는데, 분명히 말하지만 사람이 먼저고 전략은 다음이다. 어차피 전략을 세우고 실행하는 것도 사람 아닌가? 삶에서도 나는 좋은 사람들의 도움을 많이 받았다. 그리고 사업에서는 말할 것도 없이 적합한 사람을 잘 채용하는 것이 최우선순위였다. 조직에 문제가 있을 때 가장 먼저 해야 할 일은 그 일을 수행할 만한 사람이 그 자리에 있는지 여부이다. 대부분의 문제는 적합하지 않은 사람에게 적합하지 않은 일을 맡겼을 때 일어난다. 반대로 일이 잘 풀리는 경우는 대부분 적합한 사람을 적합한 자리에 채용했기 때문이다. 그렇게만 되면 조직은 알아서 잘 움직이고, 서로 잔소리를 하거나 마찰을 빚을 일도 없다. 결국 중요한 것은 사람이다.

고백컨대, 이 모든 것을 한순간의 흔들림도 없이 지켜왔다고는 할 수 없다. 특히 사람에 대해서는 배신감에 치를 떨기도 했고, 그들을 원망하면서 인간에 대한 믿음이 흔들리기도 했다. 하지만 이런 흔들림은 잠시 뿐이었다. 이런 철칙들이 '경험'을 통해 각인되어 있었기 때문에 결국에는 제자리로 돌아올 수 있었다.
  모든 경험은 상대적이다. 실패로 인해 망가졌지만, 다시 그 실패로 인해 일어선 내 경우처럼 말이다.

4장
처음 접해본 인력 시장

B사는 내가 '인력 사업'과 연을 맺게 해준 동시에 노동법 지식과 실제 적용에 대해 많은 것을 알게 했다. 고용의 두 가지 축인 '안정성'과 '유연성'에 대해서도 다각적으로 바라보게 했다. 그 무엇보다, 사업 실패로 견디기 힘든 경제 상황에서 가족들에게 미안했고, 가장으로서 최대한 빨리 그 상황을 벗어나고 싶었다. 말 그대로 절박했다.
이런 절박함이 생전 처음 접한 '인력 사업' 분야에서 단기간에 성과를 내게 했던 것이다.

B사 입사

학원 사업과 주차미터기 사업의 연이은 실패의 충격은 쉽사리 가시지 않았다.

30년 넘는 삶에서 실패는 나와 상관없는 일인 줄로만 알고 살아왔던 사람이 연달아 실패했으니 얼마나 좌절했겠는가? 따지고 보면 성공할 이유는 단 하나도 없었고 실패할 이유는 수백 가지쯤 됐는데, 그저 운이 없었던 것으로만 여겼으니 참 부끄러운 일이다.

사업에 실패한 후로 한동안 나의 삶은 비참한 심정을 애써 누르며 과거의 술 마시고 무질서했던 때로 돌아가지 않기 위해 애쓰는 게 전부였다.

그렇게 사업체를 정리하며 하루하루를 버텨나가던 중, 한 미국계 회사의 대표이사로 재직 중이던 강인철 회장과 약속이 잡혔다.

강 회장을 만나러 가는 길에도 마음이 편치 않았다. 제법 규모가 있는 기업에서 기획조정실장을 거쳐 부사장을 역임한 후 자신의 사업으로 성공가도를 달리고 있는 입지전적인 강 회장과, 사업 실패로 빚을 떠안아 가족들까지 힘들게 만든 나의 삶이 대비되면서 은근한 열등감까지 느껴졌다. 그러는 와중에도 무슨 일로 나를 만나자고 하는 것인지 궁금하기도 했다.

약속 장소는 한남동에 있는 강 회장의 사무실이었다. 소박한 듯하면서도 기품 있는 사무실을 보며 다시 한 번 괜스레 열등감 같은 것이 불쑥 솟았다.

"강 회장님, 안녕하세요?"

"신 대표, 어서 와요. 오랜만이네요."

강 회장은 나를 반갑게 맞아주었.

자리를 잡고 앉아 서로 그간의 안부를 간단하게 주고받은 후, 강 회장은 본론을 꺼냈다.

"사실 내가 인력회사를 하나 가지고 있어요. 그런데 이번에 인력회사를 하나 더 설립해볼까 해요. 그래서 신 대표에게 공동투자를 제안하려고요."

신규 사업에 공동 투자를 제안한다는 건 상대방에 대한 신뢰가 없으면 어려운 일이다. 그러니 나를 믿어준 강 회장에게 고마워해야 했을지도 모르지만, 당시의 내게는 그런 마음의 여유가 없었다.

오히려 내가 사업을 정리 중인 걸 알면서도 이런 제안을 하는 의도가 뭘까 싶어 기분이 안 좋기까지 했다.

나는 불쾌함을 드러내지 않으려 애쓰며, 최대한 예의를 갖춰 대답했다.

"좋은 제안을 해주셔서 고맙습니다. 그런데 말씀드렸다시피 최근 사업이 잘 안 풀려 정리를 좀 하느라 투자금은커녕 빚만 있는 상태입니다."

예상치 못한 답변에 강 회장은 당황한 듯했으나 잠시 고민한 끝에 고개를 끄덕였다.

"그래요, 힘든 상황이군요. 그럼 다른 제안을 해볼게요. 지금 가지고 있는 인력회사가 B사라는 곳인데, 정확히는 인력파견 회사죠. 신 대표만 괜찮다면 거기서 일해 보는 건 어때요? 신 대표라면 금방 성과를 낼 수 있을 것 같은데……."

워낙 갑작스러운 제안이라 당시에는 무척 당황했다. 솔직히 얼마 전까지 내 사업을 하던 입장에서 다시 다른 회사에 들어간다는 게 내키지 않기도 했다. 하지만 이어진 강 회장의 말에 마음이 흔들리기 시작했다.

"우선은 빚을 좀 갚아야 신 대표도 다시 사업 시작할 수 있는 거 아니겠어요? B사에서 일을 좀 하면서 빚을 어느 정도 갚아 나가면 좋을 것 같은데요. 그리고 마침 그쪽 업계에 좋은 소식이 있거든요."

강 회장이 말한 좋은 소식이란, IMF 경제위기 이후 국내 노동계의 유연성을 높이기 위한 여러 법률안이 1998년 7월에 국회에서 통과된 것이었다. 이로 인해 변형시간근로제, 탄력적시간근로제, 정리해고제, 파견근로자 보호에 관한 법률 등이 제정됐고, 인력 파견 회사들이 음지에서 양지로 나올 토대가 마련됐다. 더구나 경제위기 때 해고한 인력을 다시 채용하기에는 고정비용 상승 부담이 컸던 기업들도 파견 인력을 적극 활용할 분위기가 형성된 것이다.

설명을 듣고 보니 강 회장 말대로 이쪽 분야가 앞으로 발전할 가능성이 높아 보였고, 그런 곳에서 능력만 제대로 발휘한다면 당장 빚에 허덕이던 내 삶도 조금 나아질 것 같았다.

결국 나는 강 회장의 제안을 받아들여, 며칠 후 최현식 사장을 만나기로 했다. 최현식 사장은 B사의 경영자로, 회사의 오너인 강 회장은 과학기자재 회사를 운영하면서 B사에는 몇 달에 한 번쯤 들러 경영 상황을 보고 받는 정도였다.

며칠 후 여의도에 있는 B사 사무실에서 최 사장을 만나 면접을 봤고, 그다음 주부터 출근했다. 때는 1998년 8월 1일. 사업을 운영한 대표에서 다시 'B사 부장이라는 직책'을 단 직장인이 되었다. 이후부터 평생을 종사하게 될 인력 사업에 첫 발을 디딘 것이다.

> # 영업은
> # 발로 뛰는
> # 것이다

B사는 한국IBM, LG 등에 파견한 인력만 해도 수백 명에 이르는, 당시 국내 인력 파견 회사로는 비교적 규모가 큰 곳이었다. 1998년 7월 국회 통과로 인력 파견 사업이 합법화되면서 더욱 활발하게 사업을 키우려는 시기였기에, 뒤처지지 않으려면 신입의 마음가짐으로 하나하나 배워가야 했다. 더구나 처음 경험하는 분야였으니 배워야 할 게 많았다. 사업의 본질에 대해 고민했고, 관련된 노동법을 공부했다.

하지만 역시 가장 중요한 것은 현장이었다. 그리고 인력 파견 업무의 현장이란 인력 파견을 요청하는 고객사와 후보자, 즉 '사람'이었다. 나는 이들을 열심히 만났다.

입사 첫 달에는 기존 거래처인 IBM과 외환은행 파견 업무 담당자와 파견 직원들을 만나 그들의 이야기에 귀를 기울였다. 해당 기업의 담당자로부터는 B사의 서비스에 어느 정도 만족하는지를 주로 물었다. 인력 파견 요청에 얼마나 빨리, 또 얼마나 적합한 인력을 파견하는지, 파견한 직원들의 근태와 업무 능력에 대한 만족도와 불만사항 등을 확인했다. 파견 직원으로부터는 근무 여건에 대한 만족도와 불만사항을 들었다.

어느 정도 업무가 파악되면서 내가 주력한 것은 새로운 고객사를 발굴하는 것이었다. 앞서 말했듯이 그해에 인력 파견이 합법화되었고, 경제위기를 막 넘기면서 파견 인력에 대한 기업 고객들의 수요가 커지고 있는 시기였다. 그러나 당시 B사는 업력이 약 10년에 이르면서 신규 영업은 거의 없이 기존 고객사 관리에만 치중하고 있었다. 강 회장은 이러한 관리 위주의 회사 분위기를 바꿔 보고 싶어 했고, 그게 강 회장이 나에게 바라는 것이었으며, 나를 고용한 이유였다. 예전부터 나의 영업 능력과 추진력을 높이 샀기 때문이다.

나는 하나의 인력 사업부를 맡아 영업을 시작했다. 부서는 나와 기존 직원 1명에 새로 뽑은 직원 4명까지, 총 6명이었다. 기존 직원은 B사의 다른 부서에서 옮겨온 사람이었고, 새로 뽑은 4명 중 1명은 다른 대형 파견 회사에서 3년간 일한 경력이 있었다. 그 둘 외에는 모두 이 분야가 처음이었다.

B사는 일간지에 내부 직원 채용광고를 했다. 파견업계에서 내부

직원을 채용하기 위해 일간지 광고를 한 것은 처음이었는데, 그 덕에 기존 인력파견 회사 직원들보다 경력과 역량이 뛰어난 인재들을 채용할 수 있었다. 기존에는 해당 사업 자체가 불법이었기에 좋은 인재를 뽑기 어려웠던 것이다.

나는 다른 부서에서 합류한 직원에게는 기존 거래처 관리를 맡기고, 나를 비롯한 5명은 신규 영업 확대에 온 힘을 기울였다. 생소한 일이었던 만큼, 직접 영업을 하면서 배워나갔다. 외부에 인력 아웃소싱 교육이나 세미나가 있으면 부서 직원들과 함께 참석했다.

동시에 「매일경제신문」에서 선정한 국내 매출 상위 1,000대 기업과 상공회의소를 통해 입수한 외국계 기업 연락처를 찾아 엑셀 파일로 만들었다. 이렇게 수집한 가망 고객사들의 인사 담당자 앞으로 B사 회사 소개서와 인력 파견 서비스에 대한 홍보 자료 인쇄물을 보냈다. 파일화한 안내 자료를 이메일로 보내는 요즘과 달리 당시는 아직 인쇄물이 익숙할 때였다. 이후 인사부서에 일일이 전화하여 소개 자료는 잘 받았는지 확인하고, 인사 담당자 및 인력 파견 담당자의 이름과 연락처를 파악했다.

나는 신규 영업을 위해 매주 100통 이상의 DM 발송과 전화 통화를 했다. 또한 고객들을 직접 만나기 위해 발로 뛰었다.

내가 직접 발로 뛰는 것에는 두 가지 효과가 있었다.

우선, 직접 만난 고객이 또 다른 가망고객을 추천하는 경우가 있다는 점이었다. 전화나 DM만 보내면 그냥 거절하거나 무시했을 사람 중에도 직접 대면하고 진실함을 보이는 것만으로도 다른 고객사를 추천하기도 했다.

또한, 한 부서의 책임자인 내가 직접 고객을 방문하고 만남으로써 솔선수범을 보일 수 있었다. 이렇게 내가 발로 뛰는 모습을 보이자 처음 접하는 업무에 막막함을 느끼던 직원들도 좀 더 적극적으로 영업에 나서게 됐다.

이에 더해 나는 영업 활동을 표준화하는 데도 힘썼다.

> 1. 시간 낭비를 없앤다.
> 2. 영업 회의를 능률적으로 사용하고, 매주 월요일 아침 주간회의를 한다.
> 3. 주간회의 진행은 다음에 따른다.
>   ① 사전에 부서 참석자 전원이 주간보고서를 제출하고 회의를 준비한다.
>   ② 인력파견 영업 활동에서 획득한 내용과 정보를 부서원들과 공유한다.
>   ③ 필요한 경우 인력파견 영업 능력과 관리 능력을 향상시킬 수 있도록 코칭한다.
>   ④ 한 주의 영업 및 파견 후보자 리크루팅 진행에 대해 논의한다.

> ⑤ 주간 따견 요청 내용을 검토하고 후속 조치를 논의한다.
> ⑥ 회의가 길어지지 않도록 참가자 전체가 협조한다.
> 4. 오전시간을 효율적으로 활용한다.
> 5. 기업 고객 영업상담을 효율적으로 조정한다.
> 6. 오전에 꼭 1~2건 영업 방문을 한다.
>   ① 효율적으로 방문하기 위해 사전에 일정 등을 정한다.
>   ② 가능한 한 본인 일정에 맞출 수 있도록 한다.
>   ③ 다음 날 만날 사람은 전날 정한다.

이렇게 표준화한 내용에 따라 비가 오나 눈이 오나 가리지 않고 가망고객 회사를 방문했다.

또한, 팀원들에게 '철저함'을 요구했다. 매일 영업 방문을 다녀오면 퇴근 전까지 방문한 회사별로 별도의 영업 보고서(Call Report)를 작성하여 내 책상 위에 올려놓고 퇴근하도록 했다. 영업 보고서는 디테일이 생명임을 강조하기 위해 '숨소리까지 적어 넣어야 한다'고 이야기했다. 영업 방문 상황을 최대한 상세히 파악하기 위해서였다. 물론 솔선수범을 보이기 위해 나부터 직원들에게 요구한 것만큼 디테일한 보고서를 작성했다. 그리고 영업 보고서에서 중요한 내용은 '기업 고객 카드(Client Record Card)'에 따로 기록해 체계적으로 관리했다.

이런 디테일한 영업 정보 관리는 예전 직장 생활에서 배우고 경험했던 것에 내가 직접 영업 관련 서적과 온갖 자료를 찾아가며 만들어낸 노하우였다.

머지않아 우리 사업부는 회사 내에서 가장 뛰어난 영업팀이 되어갔다. 그리고 6개월 정도 지나면서, 그토록 강조한 발로 뛰는 영업과 디테일함이 서서히 그 효과를 보기 시작했다.

> 절박함으로
> 회사 역사상
> 최대의 성과를
> 이루어내다

　　　　　　　　　　　내가 팀원들에게 강조한 마음가짐과 행동은 바로 "Just Do It"이었다. 여기에는 두 가지 의미가 있다. '주저하지 말고 하라'는 행동의 의미이기도 했고, '내일이 아닌 오늘, 바로 지금 하라'는 시간의 의미이기도 했다. 가망고객에게 우편과 이메일을 보내고 미팅 약속을 잡는 것 모두 미루지 말고 바로 행동으로 옮기라고 강조했다. 즉, 내가 영업에서 중요하게 여긴 것은 '바로 지금' '계속해서' '하는' 것이었다.

　물론 누누이 강조했듯이 내가 솔선수범을 보였다. 비가 오나 눈이 오나, 가만히 있어도 땀이 비 오듯 흐를 정도로 더운 여름이든 살이 에이는 듯한 칼바람이 부는 겨울이든, 몸이 아플 때든 기분이 우울할 때든, 무조건 즉시 행동했다. 당연히 미루고 싶을 때도, 영업이고 뭐고 때려치우고 싶을 때도 있었으나, 결코 그러지 않았다. 말 그대로 불도저처럼 미친 듯이 해나갔다. 매일 3~ 7개의 신규 가망기업을 방문해 담당자를 만났다. 이때 간단한 팁을 알려주자면, 이렇게 여러 곳을 방문하려면 반드시 오전에 최소한 한 군데라도 방문해야 한다는 것이다. 일단 한 곳이라도 오전에 방문하면 오후 영업 방문이 한결 쉬워진다.

또한 방문 약속을 잡을 때 동선을 잘 짜야 한다. 교통편까지 고려하여 이동 시간을 최소화하면서도 더 많은 곳을 방문할 수 있도록 동선을 짜는 것이 중요하다. 오전에 한 곳을 방문하는 데 성공하고, 여기에 동선까지 잘 짠다면 하루에 7개 기업도 방문할 수 있었다.

인디언들이 기우제를 하면 반드시 비가 온다는 이야기를 모두 알고 있을 것이다. 그리고 그럴 수밖에 없는 이유가 '인디언은 비가 올 때까지 기우제를 하기 때문'이다.

이처럼 우리 팀은 성공할 때까지 영업 활동을 계속했다. 그리고 결국 성공했다. 우리가 그토록 열심히 연락을 하고 방문한 가망 고객사들로부터 인력 파견 요청이 이어졌다. 이어지는 요청에 견적서를 작성하고 파견 후보자를 확보해 추천하고 파견 계약서를 작성하는 등의 후속 업무로 눈코 뜰 새 없이 바빠질 정도였다.

어쩌면 당시의 나는 직원들을 몰아붙이는 부서장이었을지도 모른다. 하지만 한 가지는 분명했다. 이런 방침과 팀원들의 협조로 우리 팀은 HP Korea, LG화학, FMC Korea, 농심가, LG산전 등의 대기업들과 계속해 신규 계약을 체결해 B사 설립 10년 만의 가장 큰 영업적 성공을 이루어냈다.

당시에 주위에서는 내가 쉬지 않고 달리는 모습에 다들 힘들지 않느냐고 물어보았다.

솔직히 말하자면, 그다지 힘들다거나 어렵지 않았다. 그보다 훨씬 어렵고 힘든 일을 이미 겪었기 때문일 것이다. 내게는 돈을 빌리는 일이 영업보다 수십, 수백 배는 어려웠다. 사업이 어려웠을 때 운영 자금이 부족하면 여기저기서 돈을 빌려야 했는데, 내 삶에서 가장 힘들고 마음 아픈 기억들을 남긴 경험이었다. 적어도 그보다는 영업이 훨씬 쉬웠다.

사람들은 내가 지치지도 않는다며 혀를 내둘렀지만, 나로서는 그 역시 그럴 수밖에 없는 이유가 있었다. 당시의 나는 너무도 절박했기 때문이었다.

사업을 정리한 후 내게는 원금만 해도 1억 원이 훌쩍 넘는 빚이 있었다. 솔직히 당시의 월급만으로는 네 식구 생활비와 월세를 내면 남는 돈이 많지 않아 이자를 갚는 것만으로도 벅찼다. 이 빚은 나중에 피플케어 그룹을 설립하고 헤드헌팅 사업이 성공하기까지, 피플케어 설립 3년 이후에야 해결되었다.

그때 살았던 집에 대해서는 할 이야기가 좀 있다. 그 집은 한 사람 겨우 다닐 수 있을 정도로 좁은 골목 안으로 들어가야 나오는,

좁고 허름한 1층 단독주택이었다. 벽 하나를 사이에 두고 선술집이 있었는데, 자정이 지나서도 취객이 떠들고 싸우는 소리에 불안해하기도 하고 잠을 설치기 일쑤였다. 초등학생인 두 딸의 교육에도 좋을 리가 없었다.

허나 그런 집마저도 감사해야 하는 상황이었다. 사업 실패로 빚을 진 상황에서 오갈 데 없는 내게, 예전 학원 학생의 학부모였던 집주인은 고마운 사람이었다. 나의 상황을 설명했더니 집주인은 '지금은 힘들겠지만, 인상을 보니 인생 후반에는 성공해서 노후는 잘 보낼 것 같다'는 위로의 말과 함께 보증금 없이 월세만으로 살 수 있게 해주었다. 그게 아니었다면 네 식구는 정말 거리에 나앉아야 했을지도 몰랐다.

그때는 돈이 없어서 고기는커녕 과일도 구경조차 하기 힘들었다. 요즘은 어떤지 모르겠지만 그때는 마트에서 물건을 사면 쿠폰을 줬는데, 어느 정도 모이면 삼겹살로 바꿀 수 있었다. 그날이 우리 가족이 고기를 먹는 날이었다. 물론 그 정도로 모으려면 상당한 시간이 걸렸다.

딸들은 집에 컴퓨터가 없어 PC방에 가서 과제를 하기도 했다. 돈을 내고 학원을 보낼 엄두는 나지 않았으나, 당시 분위기가 학원을 다니지 않으면 학교 진도를 따라가기도 버거운 상황이라 마냥 놔둘 수도 없었다. 마침 교사 출신에 학원에서도 일한 경험이 있는 아내에게는 학원에서 일하는 친구가 여럿 있었고, 그중 한 명이 무료 수강을 연결해주기도 했다.

　가장으로서 이런 상황은 견디기 힘들었다. 가족들에게 미안함이 앞섰고, 어떻게든 최대한 빨리 그 상황을 벗어나고 싶었다. 말 그대로 절박했다.

　바로 이런 절박함이 내게 지치지 않고 달릴 수 있는 원동력이 되어주었고, 그 덕분에 생전 처음 접한 분야에서 단기간에 성과를 낼 수 있었던 것이다.

토사구팽 또는 새로운 기회

　　　　　　　시간은 빠르게 흘러갔다. 우리 팀은 계속해서 신규 고객과의 계약을 성사시켰고, 나의 자신감은 한껏 고조되었다. 처음 내게 B사에서 일할 것을 권했던 강인철 회장의 요구를 완벽히 충족시킨 만큼 이제 그에 따른 보상을 받게 될 것이라고, 조금만 더 힘을 내면 곧 성과를 인정받아 지긋지긋한 빚더미에서 벗어나게 될 것이라고 믿어 의심치 않았다.

　그리고 입사 11개월째 되는 어느 날 오후, B사 최현식 사장과 회의실에서 같이 차를 한잔하게 됐다.

　"신 부장, 요즘 어때요?"

　최 사장의 질문에 나는 별 생각 없이 답했다.

　"요즘 영업에 활기도 있고, 재미있게 일하고 있습니다. 다만 개인적으로는 엊그제 집으로 빚상환 독촉장이 날아와서 조금 걱정이 되네요."

내 대답에 장 사장은 깜짝 놀란 듯이 되물었다.

"빚이요? 빚이 있습니까?"

나의 영입을 추천하고 최 사장과 미팅을 주선한 강 회장에게는 이미 말했던 바이기에 최 사장도 알고 있을 것이라 여겨 따로 말을 하지 않았는데, 아무래도 모르고 있었던 듯했다.

"예전에 사업을 하다가 빚을 좀 졌는데, 몇 년이면 다 상환할 수 있을 것 같습니다. 입사 전에 강 회장님께는 말씀드렸는데, 사장님께는 미처 말씀드리지 못했네요. 죄송합니다."

"아니요, 괜찮습니다. 기운 내시고 열심히 하세요."

그렇게 최 사장과의 면담이 있었고, 나는 그 일조차 잊고 다시 바쁘게 일했다.

그리고 한 달이 지나기 전, 회사 조직 개편에 대한 발표가 있었다. 그런데 내 손으로 일군 팀의 팀원들이 모두 다른 부서로 배치됐다. 더욱 충격적인 사실은 정식 부장이었던 내가 비정규직으로 전환되었다는 것이었다. 회사 전체에서 오직 나만이 비정규직이 되었고, 심지어 다른 부서 차장의 지휘를 받아야 하는 상황이 됐다. 그러니까 어제까지만 해도 나의 하급자였던 장 차장에게 내일부터는 명령을 받고 매일 업무 보고를 해야 하는 상황이 된 것이다. 회사 생활을 해본 사람이라면 알겠지만, 이건 내게 나가라는 말이나 다름없는 조치였다.

나는 최 사장에게 면담을 요청했다.

"사장님, 이번 인사발령이 도저히 납득이 가지 않습니다. 열심히 일했고 성과도 있었는데 왜 이런 인사발령이 난 건가요?"

나도 모르게 다소 따지는 듯한 말투가 되었고, 최 사장은 고개를 끄덕이며 답했다.

"그래요, 신 부장. 이해합니다. 그런데 현재 회사 내에서 신 부장은 사면초가 상태예요. 회사에 신 부장 편이 없어요. 그리고 최근 강 회장님과 이야기하던 중 신 부장의 빚 이야기가 나온 적이 있어요. 강 회장님은 신 부장이 빚 독촉을 받고 있다는 점을 우려하시면서도 부정적으로 보고 있고요."

사면초가? 빚 문제?

둘 모두 납득이 되지 않았다.

사면초가라고? 내가 앞만 보고 달리느라 주변 사람들과의 관계를 잘 챙기지 못했나 싶으면서도, 아무리 그렇다 하더라도 사내 최고의 성과를 낸 사람이라면 그리 쉽게 팀원들에게 버림받지 않음을 알고 있었다. 성과가 뛰어나면 다른 팀에서 견제를 하기도 하지만, 이는 내 잘못이 아니지 않은가? 그런 마찰이 있다 하더라도 이를 조절하는 게 리더의 역할이지, 성과를 내고 있는 사람을 오히려 푸대접하는 것이 올바른 리더라고는 생각지 않는다.

빚 독촉이 문제라고? 입사도 하기 전부터 그에 대해 이야기했었고, 모든 것을 아는 상황에서 오히려 강 회장이 먼저 내게 B사 입사를 제안하지 않았던가? 그런데 이제 와서 그 문제를 부정적으로 보는 것으로도 부족해서 이런 얼토당토않은 대접을 하다니, 이해할 수 없었다.

하지만 한 가지는 분명했다. 여기서 내가 무슨 말을 하건 상황을 바꿀 수는 없다.

솔직한 심정으로는 다 뒤집어엎고 싶기도 했다. 하지만 그래봐야 무슨 소용이란 말인가?

"네, 사장님. 잘 알겠습니다."

나는 그저 이렇게 말하고는 회의실을 나왔다. 그리고 1주일 후, 나는 회사를 떠났다.

다음 날, 강 회장에게서 연락이 와 우리는 남산타워호텔 카페에서 만났다. 이미 실망할 대로 실망한 나는 강 회장의 얼굴을 보고 싶지 않았으나, B사를 정리하는 마지막 수순이라는 생각이 들었다. 강 회장과는 예상대로 의례적인 이야기만 잠시 나누고 헤어졌다.

그 후, 나의 팀원이었던 직원들은 조직 개편에 적응하지 못하고 몇 개월 후 모두 스스로 B사를 떠났다.

비록 마무리가 아름답지 못했으나 B사는 내가 '인력 사업'과 연을 맺게 해준 곳인 동시에 인력 파견 사업의 한계를 명확히 보여준 곳이기도 하다. 어쨌든 이때의 경험으로 나는, 노동법 지식과 실제

적용에 대해 많을 것을 알게 됐다. 특히, 고용의 두 가지 축인 '안정성'과 '유연성'에 대해 다각적으로 바라보게 된 것이 성과였다.

안정성과 유연성 중, 인력 파견 사업의 핵심은 유연성이다. 인력을 파견해줌으로써 고객사의 인력 유연성을 높여주고, 나아가 기업 경쟁력을 강화시켜주는 것이다. 팀원들에게도 그렇게 교육했고 영업 중에도 그렇게 강조해왔다.

그러나 B사의 조직 개편이 발표되고 일주일 동안 나 자신이 비정규직으로서 '안정성이 없는' 신분이 되어보았기에 고용의 안정성과 유연성에 대해 이전과는 다른 시각을 가지게 됐다.

또한 B사에서 근무하는 동안 인력 파견 직원들의 애로사항을 들었던 것도 내게는 좋은 기회였다. 그들은 파견 계약 기간이 끝나기 전에 새로운 일자리를 찾아야 했기에 항상 불안정한 상황이었고, 승진 기회가 없어 미래에 대한 비전 역시 없었다. 또한 같은 일을 하고도 사용 업체 정규직원들과의 급여 및 복지에서 차이가 있어 상대적 박탈감을 많이 느끼고 있었다. 여기에 비록 일주일이라는 짧은 기간이었지만 나 역시 비정규직으로 전환되면서 이들의 입장과 심정을 더 잘 이해할 수 있게 됐다.

누구보다 열심히 일했고, 회사 역사상 가장 큰 성과를 냈다. 그럼에도 말도 안 되는 논리로 홀대받고 사실상 회사에서 쫓겨났다. 일반적으로 이런 상황이면 해당 업계 자체에 환멸을 느낄 수도 있을 것이나, 오히려 좋은 경험이었다는 생각도 들었다. IMF 경제위기

직후 달라진 여건 속에서, 글로벌 경쟁력을 강화하기 위해 조직의 유연성을 높이려는 기업들의 문제를 해결해주면서 취업을 원하는 파견 지원자에게는 일자리를 마련해주는, 보람 있는 일이라는 생각이 들었다. 또한 앞으로 성장 가능성이 무궁무진한 분야라는 확신까지 들었기에, B사에서의 1년여는 내게 오히려 동기부여가 되었다.

여담이지만, 나중에 알고 보니 B사는 퇴사하기 전에 내가 공격적으로 영업해 새로 거래를 터둔 기업들 덕에 몇 년간 승승장구했다고 한다. 하지만 이후 추가 영업활동이 제대로 이어지지 않으면서 점점 어려워졌고, 결국 회사의 소유권이 다른 사람에 넘겨졌다.

글로벌 인력 파견 업체, S코리아 입사

인력 파견이라는 시장의 가능성도 충분히 보았고, 이 일이 기업과 파견 노동자 양쪽에게 기회를 제공하는, 의미 있는 일이라는 생각에 관심도가 한층 높아져 있던 나는 B사를 떠나더라도 이쪽 일을 더 해보고 싶었다. 그런데 마치 하늘에서 나를 가엽게 여기기라도 한 것처럼, 좋은 기회가 왔다.

B사에서 일하던 시절 친분을 쌓은 M사의 이필수 사장이 '세계 1위 인력 파견 회사 S'의 한국 법인인 S코리아(S Korea)에서 마케팅 매니저를 구한다는 소식을 전해주었다. 마침 그때는 B사에서의 생활을 정리하던 시기였다. 더구나 보다 규모가 큰 글로벌 기업에서 일해보고 싶은 마음이 이전부터 있었고, 때마침 B사에 남고 싶어도 그럴 수 없는 상황이었으니 이번 기회를 놓치기는 싫었다. 또

한 이때 이미 막연하게나마 인력 시장 관련해 나만의 사업을 시작해보고 싶다는 의욕이 꿈틀거리고 있었는데, 세계 1위 글로벌 인력 파견 회사라면 배울 점이 많을 게 분명했다. 대부분의 글로벌 조직은 우수한 시스템을 갖춘 경우가 많으니, 국내 업체와 어떤 점이 다른지 분명히 배워두고 싶었다.

업계 종사자라면 모를 수가 없을 만큼 유명한 곳이었던 만큼 특별히 회사에 대해 더 조사할 필요도 없었다. 바로 이력서를 제출했고, 합격 후 면접 진행 통지를 받았으며, 이 역시 합격해 S코리아에 입사하게 됐다.

출근 이틀 전, S코리아 사장으로부터 저녁식사를 함께하자는 연락을 받았다.

약속 장소인 고급 식당에 도착해보니 나와 함께 뽑힌 다른 신입 매니저 한 명과 이필수 사장이 있었다.

저녁식사 후 자리를 옮겨 술을 한잔하며 이런저런 이야기를 나누었다. 그런데 나와 함께 채용 예정된 신입 매니저가 그만 술에 취하더니 자신보다 연배가 높은데다가 초면인 이필수 사장에게 반말을 섞어 말하기 시작했다. 더구나 목소리도 점점 높아졌고, 말투도 거칠어졌다. 그러다가 알 수 없는 이유로 혼자 흥분하더니 마시던 술잔을 테이블 바닥에 팽개치듯 내려놓는 바람에 술잔이 깨지고 술병이 쓰러졌다. 테이블과 바닥에 술이 흥건하게 흘렀다. 종업원이 달려와 깨진 술잔과 유리를 치우고 술을 닦아냈다. 분위기가 급작스레 냉랭해졌다. 특히 S코리아 사장은 화가 잔뜩 난 듯 그날 자리를 마무리했다.

다음 날, 그 채용 예정된 매니저는 입사가 취소돼 결국 그해 S코리아의 마케팅 매니저로 뽑힌 것은 나 혼자였다.

1999년 8월 1일, 그러니까 B사에 입사한 날로부터 정확히 1년째 되던 날, 나는 S사의 마케팅 매니저로서 첫 출근했다. S사가 한국에 진출한 것도 1년 전인 1998년 8월이었다. 한국에서 인력 파견이 합법화되자마자 진출했던 것이다.

S사에는 PPS(Predictable Performance System)라는 인력 파견 시스템이 있었다. 이는 인터뷰, 테스트, 교육, 파견, 서비스 평가, 우수 파견 직원 수상이라는 6단계의 인력 파견 업무 프로세스였다. 분명 글로벌 1위 기업답게 충분히 검증된 좋은 시스템이었지만, 아무래도 한국에 처음 진출하는 해외 기업이니 국내 실정에 맞추려면 주의가 필요했다.

S코리아에 출근하면서 내가 집중해야 할 바를 몇 가지 추리고 그에 맞춰 노력했다.

우선 성과 측면에서는 S사의 PPS가 한국 실정에 맞춰 S코리아에 잘 적용될 수 있게 하는 데 주력했다. 또한 B사에서 내가 가장 빛을 발했던 업무인 신규 기업 고객 개발에 힘을 쏟았다. 기업 고객의 만족도를 높이기 위해 파견 직원 후보자의 이력서도 신중히 관리했다. 여기에 나의 직책에 맞게 마케팅에도 소홀히 할 수 없었다.

나 개인의 성장을 위해서는 한국 노동 시장의 변화 속에서 업무의 우선순위를 정하는 능력과 S사의 PPS를 학습하고 활용하는 능력을 키우려 했다. 또한 B사에서 '당신은 사면초가' 라는 말까지 들었던 기억을 떠올리며 S코리아에서는 고객(기업 및 파견 직원)은 물론 회사 동료들과의 관계도 잘 끌어가려 힘썼다.

B사에서의 마무리는 좋지 않았지만, 그곳에서의 경험은 확실히 큰 도움이 됐다. 입사 후 1년이 지났을 때, 나는 매니저 평가에서 1위를 차지했다.

이에 대한 포상 중 하나로 싱가포르에 있는 S사 아시아본부에서 진행된 연수에 참가할 기회가 주어졌다. 한국 매니저는 나를 포함해 두 명이었고, 싱가포르 매니저가 4명, 총 6명이 연수를 받았다. 싱가포르의 마운트 엘리자베스 호텔(Mount Elizabeth Hotel) 비즈니스룸에서 S사 아시아본부의 영국 출신 교육 매니저 닐 윌슨(Neil Wilson)이 연수 과정을 이끌었다.

연수를 마치고 귀국 전, 회의실에서 S사 아시아본부 크리스틴 사장을 만날 기회가 있었다. 그 자리에서 크리스틴 사장이 물었다.

"한국의 인력 파견 시장 상황은 어때요?"

나는 생각한 바를 정리해 설명했다.

"근로자 파견 보호에 관한 법률이 통과된 이후 시장이 활성화되고 있습니다. 그러나 근래에는 인력 파견에서 도급으로 시장이 이동하는 추세입니다. 한국 시장의 이러한 변화에 S코리아도 대처할 전략이 필요하다고 생각합니다."

인력 파견의 법적 용어는 '근로자 파견'이다. 이 인력 파견과 도급은 다소 차이가 있는데, 가장 큰 차이는 사업 수행 과정에서 근로자에 대한 '지휘 및 명령권'을 누가 행사하느냐였다. 인력 파견은 사용사업주인 기업 고객이, 도급에서는 인력을 파견하는 하도급자, 즉 수급인이 근로자에 대한 지휘·명령권을 가진다.

한국 인력 시장은 당시 인력 파견보다 도급 쪽으로 기우는 추세였는데, 이는 파견 회사와 기업 고객 양쪽 입장에서 근로자 파견의 법적 한계를 극복하기 위해서였다. 파견 사업은 파견 기간(2년)과 직종에 제한을 받는데, 도급 요건을 갖춰 도급 계약을 체결하면 그러한 제한을 받지 않기 때문이다.

내 예상대로 한국의 이러한 특수성은 한국인이 아니면 이해하기 힘들었다. 크리스틴 사장 역시 의아해했다.

"그래요? 이해가 안 되네요. 인력 파견업은 고객 기업의 인력 유연성을 높이는 것이 핵심이에요. 그러니 단기 파견이 주가 되어야 기업도 경쟁력을 높일 수 있죠. 기한 제한 없는 도급 형태는 올바른 방향이 아닙니다. 북미나 유럽처럼 비즈니스가 발달한 곳만 보더라도 단기 파견 위주지요."

크리스틴 사장의 말은 한국 현실을 반영하고 있지는 않았으나 앞으로 나아가야 할 방향에 대해서는 확실히 공감했기에 나는 고개를 끄덕였다.

"네, 잘 알겠습니다. S코리아의 마케팅 계획을 수립할 때 말씀하신 내용을 참고하겠습니다."

3부

사람이 전부인 일, 헤드헌팅을 시작하다

5장
헤드헌팅 세계 입문

헤드헌터로서의 업무가 얼마나 보람 있는 일인지 직접 경험한 이상, 내 손으로 직접 헤드헌팅 회사를 만들고 싶다는 생각이 들었다. 또한 국내에만 머물 것이 아니라 글로벌 헤드헌팅 회사를 만들고 싶다는 각오를 다지게 되었다.

헤드헌팅과의 만남

나는 모든 영업은 파는 상품(Product)이 다를 뿐, 상품을 파는 과정(Process)은 80%는 같다고 본다. 은행은 여러 가지 금융 상품을 팔고, 삼성전자는 TV와 스마트폰 등 전자제품을 판다. 기본적으로 판매 프로세스는 같다.

또 하나의 공통점이라면 대다수 영업은 '교차 영업'이 가능하다는 것이다. 예를 들어 은행에서는 적금을 들러 온 손님에게 다른 금융상품이나 계좌 개설을 유도할 수 있고, 삼성전자 영업자는 TV를 팔면서 노트북까지 팔 수도 있다.

교차 영업이 가능하다는 점은 S코리아 역시 마찬가지였다. S코리아에는 인력 파견 외에도 헤드헌팅 사업부가 있었다. 그래서 고객사에 영업할 때 인력 파견 상품만이 아니라 헤드헌팅 상품도 함께 파는 게 가능했다. 헤드헌팅이라는 업은 알고 있었지만, 이렇게 가까이서 접하게 된 것은 이때가 처음이었다.

예전부터 나는 영업을 할 때는 교차 영업이 중요하다 여겼기 때문에 고객사의 인사부서를 방문할 때면 인력 파견과 헤드헌팅 상품을 모두 소개했다. 이 교차 영업에 따라, 듀퐁, 다우케미컬 등 외국계 기업과 SK 같은 대기업으로부터 헤드헌팅 구인 요청을 받았다. 이때 헤드헌팅 분야에 점점 관심을 가지게 됐다. 이런 글로벌 기업과 한국의 대표적인 대기업이 이용하는 서비스라면 분명 뭔가 큰 장점이 있을 것 같았고, 기존 인력 파견 업무와 달리 헤드헌팅은 '비정규직' 내지는 '계약직'이 아닌 '정규직'을 채용한다는 점에서 기업과 후보자 고객 모두에게 더 의미가 있는 일 같았기 때문이다.

하지만 S코리아 사장은 나에게 헤드헌팅 의뢰는 헤드헌팅 사업부에 넘겨주게 하고 이후로는 관여하지 못하게 했다. S사는 글로벌 인력파견 회사이므로 회사의 핵심 역량인 파견 사업에 집중해야 한다는 생각인 듯했다. 헤드헌팅은 S코리아에서 주력 사업이 아니었던 것이다.

당시 S코리아 헤드헌팅 사업부에는 다른 곳에서 이직해 온 두 명의 헤드헌터가 있었다. 나는 국내 대기업인 Y화학으로부터 헤드헌팅 구인 의뢰를 받아 헤드헌팅 사업부에 전달했다. 그리고 그다음 주 수요일 오후, 인력 파견 업무 때문에 다시 Y화학을 방문했을 때 썩 유쾌하지는 않은 경험을 하게 됐다.

인력 파견에 대한 이야기가 마무리되어갈 무렵, Y화학의 인사 담당자인 김 과장이 물었다.

"신 부장님, 혹시 지난주에 제가 요청한 경영기획 임원급 경력자 구인은 어떻게 진행되고 있나요?"

"아, 그 건은 헤드헌팅사업부에 전달했는데 아직 진행 과정을 못 들으셨나요? 회사 복귀하면 과장님께 연락하도록 담당자와 다시 이야기 나눠보겠습니다."

"네, 부탁드립니다. 급한 건이거든요. 사실 저는 신 부장님이 정기적으로 방문하시고 헤드헌팅에 대해서도 잘 설명해주셔서, 신 부장님을 믿고 구인 요청을 한 거라 좀 당황스럽네요."

"네, 미안합니다. 제가 꼭 확인해보겠습니다."

그렇게 다소 찜찜한 기분으로 회사에 복귀한 나는 지난주 헤드헌팅 사업부로 넘긴 구인요청 내역을 컴퓨터에서 찾아봤다. Y화학은 '임원급 경력자'를 구하는 중이었다.

'장단기 사업계획 수립, 경영실적 관리, 예산관리, 원가관리, 투자타당성 검토 등의 업무를 관장. 처우는 경력 등에 따라 직급이 결정되면 협의 예정. 화학업종 경력자 선호. 영어 가능해야 함.'

구인요청 내역(Job Description)에 적힌 내용을 읽으니 당시까지 내가 주로 진행했던 파견 인력 업무와의 차이가 느껴졌다. 파견 인력은 주로 단순 지원 업무를 수행하는 경우가 많은 반면, 헤드헌팅은 핵심 경력자 인재를 찾는 것이기 때문에 적합한 후보자를 찾는 서치업무도 더욱 어려울 듯했다. 만약 Y화학이 신문이나 취업사이트에 채용 공고를 올린다 해도 원하는 인재를 찾기란 쉽지 않을 것이다. 이때 처음으로 '인재 채용'이라는 게 해당 기업에서 하는 것보다 전문가의 힘을 빌릴 때 훨씬 효과적인, 전문가의 영역임을 깨달았다.

사실 헤드헌팅 사업부 동료에게 조금 짜증이 나기도 했다. 나 같으면 요청을 받은 순간부터 긴박하게 후보자를 찾아 추천하고, 기업 고객 담당자와 수시로 연락을 취했을 텐데…….

그와 동시에 헤드헌팅 일에 대한 욕심과 의욕이 생겼다. 기업의 주변 업무를 처리할 사람보다 핵심 업무를 담당할 인재를 찾아주는, 좀 더 고차원적인 헤드헌팅에 도전해보고 싶었다. 또한 다시는 나와 관련된 고객을 실망시키고 싶지 않았다.

사실 이 무렵의 나는 B사와 S코리아를 거치면서 비정규직 일자리를 연결하는 인력파견 사업에 대한 회의를 느끼기 시작했다. 분명 기업 고객에게도, 파견 직원에게도 도움이 되는 일이지만, 그 도움에는 명확한 한계도 있었다. 한국의 인력 파견 사업의 낮은 이익률에 대해서도 회의적이었다. 인력 파견 사업 매출액에는 파견 직원의 급여와 4대 보험료 등이 포함되어 있어서 매출액은 커보였으나, 북미나 유럽 등 선진국의 파견 기업에 비해 이익률이 낮았다. 낮은 이익률로 인해 파견 회사 내부 직원들의 급여나 복지는 일반 회사들과 비교하면 낮은 편이었다. 인력 파견 산업은 이후로도 성장할 것으로 보였지만, 경쟁이 치열해지면 파견회사의 이익률은 떨어지고 내부 직원의 보상은 개선되지 않을 것 같았다.

아직 열정적으로 일할 수 있는 40대 초반의 나이인 바로 그때가 오랫동안 종사할 수 있는 일을 찾아 도전할 때라고 느꼈다. 무엇보다 내가 하는 일에서 의미를 찾고 싶었다.

이때의 경험으로 나는 그때까지 해오던 인력 파견 일에서 벗어나 기업의 핵심 인재를 찾아주는, 좀 더 고차원적인 헤드헌터 일을 해보기로, 이를 통해 사회에 더 큰 기여를 해보기로 마음먹었다.

물론 현실적인 문제도 고려하지 않을 수 없었다. 당시 내게는 여전히 적지 않은 빚이 남아 있었는데, 월급만으로 이를 다 해결하려면 너무 오래 걸릴 것 같았다. 아이들은 하루하루 커가고 물가는 계속해서 오르는데, 이를 감당하기에는 연봉이 충분치 않았다. 게다가 인력 파견 업무는 아무리 열심히 하고 큰 성과를 올려봐야 연봉 외의 수익은 거의 없는 반면, 헤드헌터는 개인의 성과가 높으면 큰 수익을 올릴 수 있다는 점도 매력적이었다. S코리아의 헤드헌터 동료들만 보더라도, Y화학 건처럼 열정적으로 매달리지 않았음에도 불구하고 때로는 나보다 훨씬 큰 수익을 가져갔다. 내가 어떻게 하느냐에 따라 빚도 금방 해결할 수 있을 것 같았다.

그렇게 나는 헤드헌팅의 세계에 발을 들이기로 결심하게 됐다.

K사 입사 :
헤드헌팅의 세계에
뛰어들다

앞서 말한 것처럼 그때까지 해오던 인력 파견업의 한계를 느꼈다는 것 외에도 개인성과에 따른 보상체계를 통해 빚을 빨리 털어내고 싶다는 마음 때문에 나는 헤드헌터가 되기로 마음먹었다. 달리 말하자면, 나는 헤드헌터로서 성공할 자신이 있었다.

나의 자신감에는 나름 근거가 있었다. 우선 헤드헌팅과 인력 파견은 그 난이도 면에서 차이가 있을 뿐, 고객과 업무프로세스는 비슷했다. 둘 다 인재를 원하는 기업 고객과 일자리를 원하는 후보자를 연결하는 일 아닌가? 그러니 한쪽에서 성과를 냈다면? 다시 말하지만 나는 S코리아에서 평가 점수 1위를 차지한 매니저였다. 다른 쪽에서도 성과를 낼 가능성이 상대적으로 높다고 여겼다. 게다가 헤드헌팅의 첫 번째 단계인 기업 고객 영업에는 풍부한 경험과 노하우가 있었고, 그동안의 인력 파견 영업을 통해 기업 고객 인사부서 사람들과의 관계를 다져두었으니 기반은 탄탄히 다져진 셈이었다. 그러니 헤드헌팅 구인 의뢰를 받는 건 문제없을 것이라고 생각했다.

생각해보면 처음 B사에 입사했을 때, 나는 인력 시장을 처음 접하는, 속된 말로 '맨땅에 헤딩하는' 입장이었다. 그럼에도 절박함으로 최고 성과를 냈다. 그렇다면 절박함은 그때 못지않은 상황에서, 해당 시장에 대해 더 많은 경험을 쌓았고 영업 기반도 잘 다져진 입장에서 성과를 못 낼 이유가 없었다.

결론적으로 나는 헤드헌터로서도 성과를 냈다. 그에 대해 설명하기 전에 내가 헤드헌터로서 성공할 수 있었던, 하지만 이 당시에는 전혀 강점이라 생각하지 못했던 장점이 있었다는 점을 밝혀두어야겠다. 나는 직원으로 재직하던 회사가 부도나거나 매각되면서 여러 차례 전직 및 이직을 해왔고, 이때 다양한 업무를 접할 수 있었다. 기획은 물론 자재 구매, 영업, 행정, 부서 운영 안 해본 일이 드물었다. 게다가 사업체를 직접 운영해본 경험이 있으니 기업 고객의 입장도 잘 이해할 수 있었다.

일반적인 직업과 직장에서는 나 같은 사람을 '다양한 업무를 경험했다'고 보는 게 아니라 '잡다한 일에 발만 걸친' 것으로 평가할 수도 있다. 하지만 나에게는 이런 다양한 업무 경험이 기업 고객의 다양한 구인요청 사항을 이해하고 그에 맞는 후보자를 찾는 데는 장점이 됐다.

이미 설명했듯이, S코리아에서 일하는 동안 나는 기업 고객을 만나면 인력 파견 상품과 헤드헌팅 상품을 함께 영업했다. 그리고 헤드헌팅 의뢰가 들어오면 S코리아에 있던 두 명의 헤드헌터들에게 넘겨주었다. 그중에서도 특히 나와 가깝기도 하고 더 성실히 일하는 것 같았던 장옥정 이사에게 주로 연결을 해주었는데, 그 장 이사가 내게 헤드헌터가 되어보는 것이 어떻겠느냐고 제안을 해왔다.

"사실 저도 헤드헌팅 일에 관심이 많습니다. 그런데 회사에서는 인력 파견업에 집중하라고 하네요."

내 말에 장 이사는 잠시 머뭇거리다가 조심스레 말을 꺼냈다.

"그럼 제가 누구 좀 소개시켜드릴까요? 예전 제 직장 상사였던 박철영 부사장님인데, 저와 전 이사 모두 그분 밑에서 헤드헌팅을 처음 배웠어요. 얼마 전에 투자를 받아서 'K사'라는 헤드헌팅 회사를 설립했어요. 초기라 헤드헌터가 필요할 텐데 신 부장님이 관심 있다면 소개해드릴게요."

나는 흔쾌히 그렇게 해달라고 했다. 마침 어떻게든 헤드헌팅 업무를 해보고 싶었는데, 이렇게 찾아온 기회를 거절할 이유가 없지 않겠는가.

그날 퇴근 무렵, 장 이사가 나를 찾아왔다. K사 박철영 부사장에게 내 이야기를 했고, 마침 사무실도 가깝다며 다음 날 7시 약속을 잡아준 것이다.

다음 날 저녁 7시, K사 박철영 부사장을 만나 인터뷰를 했다. 관련 분야에 경력이 있고 영업 능력이 탁월한 헤드헌터를 찾던 박철영 부사장과, 헤드헌팅 업무에 대해 배우고 직접 경험해볼 기회를 찾던 나는 서로 원하는 바가 들어맞았다. 결국 미팅 자리에서 입사를 결정했고, 그로부터 한 달 후 나는 S코리아에서 나와 K사로 출근을 시작했다.

헤드헌팅은 1920년대 미국에서 대공황 여파로 인해 발생한 대량 실업을 극복하고자 등장한 민간 차원의 대안으로, 이미 역사가 한 세기에 가까웠다. 하지만 국내에서는 아직 생소한 분야였기 때문에 가망 고객사나 후보자에게 '헤드헌팅이 무엇인가'부터 설명해야 하는 경우도 많았다.

그런 상황에서, K사는 국내 최초의 헤드헌팅 포털사이트를 꿈꾸고 설립된 회사였다. 그리고 나는 이사 겸 팀장으로 입사해, 바로 영업에 열중했다. 인력 파견 서비스로 영업할 때와 다른 점이라면, 팀을 이끌던 이전과 달리 처음부터 끝까지 나 혼자 직접 영업해야 한다는 점이었다.

첫 1개월은 주로 기업 고객 확보에 주력했다. 헤드헌팅 일은 기업 고객이 있어야 시작할 수 있기 때문이다.

나는 우선 가망 고객사 전체를 4개 그룹으로 나누어 주마다 한 그룹씩 돌아가며 순환 영업을 했다. 이때도 물론 메일을 보내고, 전화하고, 방문하는, 발로 뛰는 영업을 했다는 점에서는 같았다. 4개 그룹을 주별로 순환해가며 영업했으니, 각 그룹마다 한 달에 한 번씩 접촉한 셈이었다.

첫 1개월은 매일 방문했고, 후보자를 찾는 서치업무를 병행한 2개월 차부터는 1주일에 2~3일씩 정해놓고 방문했다.

기업 고객의 핵심 인재 경력자 채용은 특정한 시기가 있는 게 아니라 수시로 일어났다. 공석이 생기거나, 신규 사업을 시작하거나, 회사가 커질 때 주로 일어나는 것이다. 그래서 첫 3개월은 가을에 추수하기 위해 봄에 씨를 뿌리는 심정으로 영업을 했다. 명함이라도 건네 두면 언젠가 핵심 인재 경력자를 채용할 일이 생기면 연락이 왔다.

동선을 치밀하게 계산해, 많을 때는 하루에 7개 기업까지 방문했다. 가망 고객사는 잠재적인 중요도에 따라 1~3순위로 분류해, 1순위는 매월, 2순위는 2개월에 한 번은 방문했다. 3순위는 3개월에 한 번씩 방문했고, 방문이 어려우면 전화라도 했다.

쉬지 않고 계속해서 시도하는 것이 영업에서 가장 중요하다는 것을 경험상 알고 있었다. 그래서 이때도 날씨가 좋든 안 좋든, 몸이 아프든 멀쩡하든 끊임없이 영업에 매달렸다. 그리고 이번에도 이런 영업 방식은 나를 배신하지 않았다. 드디어 가망 고객사들로부터 구인 요청이 이어지기 시작한 것이다.

> 드디어
> 이루어낸
> 헤드헌팅 성공

내가 성공한 첫 번째 헤드헌팅 사례는 한 금융회사의 정보기술 기획 분야 경력자를 추천 채용한 것이었다.

구인요청을 받고, 수많은 이력서를 검토한 후 후보자목록을 100명에서 50명으로, 다시 10명으로 압축하고, 마지막으로 2명의 후보자를 기업고객에 추천할 후보자로 선정하였다.

그 두 명 중 한 명의 최종 합격자가 K씨였다.

기업고객에 추천하기 전에, 이 사람이 정말 기업 고객이 원하는 인재가 맞는지, 확인하는 과정이 필요하다. 이를 위해 반드시 인터뷰를 진행해야 한다.

K씨 역시 업무 역량과 인성을 확인하기 위해 K사 사무실에서 인

터뷰를 진행했다.

"과거 직장에서 어떤 IT 프로젝트를, 어떻게 수행했는지요?"

"그 프로젝트를 수행하면서 겪은 어려움과 장애물이 있었습니까?"

"그 어려움과 장애물을 어떻게 극복했는지요?"

"그 과정에서 무엇을 배우셨나요?"

대략의 질문은 이런 식으로 이루어졌고, 대답에 따라 더 자세한 질문을 던지기도 했다.

하지만 인터뷰를 진행한다 해도 그 사람에 대해 완전히 파악하기는 힘들다. 질문에 대한 답이야 지어낼 수도 있는 것이니 말이다. 가장 확실히 파악할 수 있는 것은 함께 일한 사람의 증언을 듣는 평판조회를 하는 것이다.

K씨의 경우 과거 근무했던 직장에 나의 지인이 있어서 이 과정이 수월했다. 다행히도 이 지인은 K씨의 유능함과 성실성, 인간됨 등을 좋게 평가했다.

모든 것이 좋았다. 국내 유수의 IT 기업에서 정보기술 기획 분야에 종사한 경력이 있었다. 더구나 근무 당시 고과에서 우수 평가를 받기도 했다. 경력, 전문성, 근무 태도 등에서 매우 적합한 후보자였다.

허나 헤드헌터의 일은 여기서 끝나지 않는다. 어떤 의미에서 헤드헌터는 후보자의 이직 컨설턴트이기도 하다. 그리고 컨설턴트라면 이직에서 기본이 되는 이력서와 자기소개서 역시 허투루 넘겨서는 안 된다.

나는 K씨에게, 기업고객에서 이력서를 보기 쉽게 보완하도록 코치했다.

"첫째, 직무 성과를 요약해서 보여주세요.

둘째, 후보자 본인의 이력 전부를 첫 번째 페이지 한 장에 모두 요약해주세요. 상세 이력은 두 번째 쪽부터 보여줄 수 있습니다. 기업의 채용담당자가 이력서의 두 번째, 세 번째 페이지를 열어 보지 않고도, 후보자 이력의 주요 내용을 짧은 시간 안에 파악할 수 있도록 하기 위해서입니다."

여기까지는 좋았다. 문제는 기업고객의 면접에서 일어났다.

K씨가 기업 고객사에서 면접을 본 날, 기업 측의 인사 담당자가 내게 전화를 했다. 그는 다소 불쾌한 듯했는데, K씨가 1차 면접 중 장래 계획에 대한 질문에 얼결에 "정보기술 분야 창업"이라고 말해버린 것이다. 인사 담당자는 K씨가 장기적으로 성실하게 근무할 사람인지 의심했다.

나는 인사담당자와 전화 통화 후, K씨를 다시 만나 기업 측에서 우려하는 '장래 창업 계획'에 대해 물었다. K씨는 당장이 아니라면 훗날의 꿈이라고 했다. 장기적인 꿈일 뿐이기 때문에, 몇 년 내 조기 퇴직하는 일은 절대 없을 것이라고 했다. 대화를 나눠본 결과, 정보기술 기획 업무에 대한 열정이 있었고, 조기 퇴직으로 기업 고객에 해를 끼칠 사람이 아니라고 판단되었다. 만약 K씨가 빠른 시일 내에 정말 창업할 마음이 있는 사람이었다면 나는 다른 후보자를 찾았을 것이다. 기업과 후보자 양쪽에 도움을 주는, 의미 있는 일이라 여겼기에 헤드헌터가 되기로 결심하지 않았던가? 그러니 계약 하나 성사시키자고 기업 측에 손해가 될 수 있는 거짓말을 할 수는 없었다.

나는 인사 담당자를 찾아가 K씨 같은 인재를 찾기가 쉽지 않다는 점과, 그때의 답변은 '먼 훗날의 꿈'을 이야기한 실수임을 설명했고, 설득 끝에 임원 면접 기회를 얻게 됐다. K씨는 기업 면접관의 질문에 솔직하고 정직하게 답변했다.

이런 우여곡절 끝에 K씨는 최종 합격했다.

입사 후, K씨는 해외 파트너 금융회사의 선진 프로그램을 한국 금융회사에 도입하고 정착 발전시키는 업무를 맡아 기업고객에 큰 기여를 했다. 물론 조기 퇴직도 하지 않았다.

기업 고객은 K씨의 업무 성과에 대단히 만족해했다.

K씨 사례는 단순히 나의 첫 번째 헤드헌팅 성공이었다는 것 외에도 많은 의미가 있었다. 이때의 경험을 통해, 헤드헌터로서 이후로도 잊지 말아야 할 여러 가지를 배울 수 있었던 것이다.

우선, 후보자 고객의 기업 면접 역시 철저히 준비하도록 돕는 것 또한 헤드헌터의 중요한 업무임을 알게 됐다. K씨는 사소한 실수로 귀중한 기회를 놓칠 뻔 했던 것이다. 특히 계획을 이야기할 때는 장기와 중기, 단기로 나누어 정확하게 설명해야 하고, 오해가 생기지 않도록 자신의 관점만이 아니라 기업의 관점까지 고려해야 한다는 사실도 깨달았다.

이때의 깨달음들은 이후 헤드헌터로서의 내 경력에 큰 도움이 되었다.

혼자보다는 함께일 때 유리하다

나는 K사에 이사이자 팀장으로 입사했다. 그러니 직접 영업을 하고 헤드헌팅을 하는 것도 중요하지만, 관리자로서의 역할도 중요했다.

초기에는 팀원들에게 영업을 코치하고 잘 실행할 수 있도록 독려하거나 일정을 관리해주는 역할 위주였다면, 시간이 지나고 내가 받는 의뢰가 많아지면서부터는 이를 영업력이 다소 부족한 팀원들에게 나누어주기도 했다. 말했듯이 나는 가망고객사 방문 횟수에서 압도적이었는데, 몇 달이 지나면서부터는 다른 헤드헌터들에게 일을 나누어줄 수 있을 정도가 됐다.

물론 팀장이라고 해서 팀원들에게 그냥 일을 준 것은 아니었다. 팀이라고는 해도 팀 실적이 아닌 개인 실적에 따라 보상을 받는 체계이다 보니 나에게도 개인성과가 중요했다. 다만 나 혼자 모두 맡기에는 어차피 일이 너무 많기도 했고, 헤드헌터들 사이에서는 이렇게 일을 나누어줄 경우 수익도 5대 5로 나누는 것이 일반적이라 내게도 전혀 손해가 아니었다. 기업 고객으로부터의 의뢰가 부족한 헤드헌터는 일거리가 생겼으니 좋은 것이고, 나는 업무 부담을 좀 줄이면서 수익도 생겼으니 그야말로 윈-윈(Win-Win)이었다.

첫 번째 헤드헌팅 성공 이후 오래지 않아 외국계 P사부터 추천 의뢰가 들어왔다. 이 두 번째 기회는 고객사 영업 방문을 통해 찾아왔다.

영업차 ERP(Enterprise Resource Planning, 전사적자원관리) 소프트웨어 부문의 세계적 기업 P사에 방문한 적이 있다. 그때 최동성 인사부장을 만나 헤드헌팅 서비스에 대한 프레젠테이션을 한 결과 P사로부터 구인요청을 받았다.

당시 나는 씨를 뿌리는 심정으로 미친 듯이 방문 영업을 해둔 결과가 결실을 맺어 구인 요청이 제법 많이 들어와 있었다. P사의 의뢰를 맡기에는 다소 버거운 상황이었다. 무리를 한다면 해낼 수야 있겠으나, 그럴 바에는 시간을 좀 아껴 또다시 미래를 위해 신규 영업을 하는 편이 낫다고 여겼다. 그래서 나는 ERP 소프트웨어 회사의 경력자 헤드헌팅을 진행한 경험이 있는 동료 헤드헌터와 협업을 하기로 했다. 그 동료는 기업의 구인요청내역에 적합한 사람을 찾는(search) 능력은 탁월했으나 영업력은 조금 약한 편이라서 당시에 그리 바쁘지 않은 상황이었다.

나는 P사에서 나에게 보낸 구인 요청사항을 건네며 동료에게 적합한 후보자가 있으면 추천해 달라고 제안했다. 그 동료의 도움으로 나는 수월하게 P사의 의뢰를 성공시켰고, 이미 비슷한 의뢰를 진행한 경험이 있던 동료 역시 그리 어렵지 않게 후보자를 추천해 주고 수익을 올릴 수 있었다. 서로에게 고마운 상황이었으니 동료애도 더 단단하게 다져졌다. 이것은 나의 두 번째 헤드헌팅 성공 사례가 됐다.

여담이지만, P사 최동성 부장과는 한동안 연락이 끊겼다가 5년 전에 업계 지인으로부터 최동성 부장이 내 근황을 궁금해 한다는 소식을 들었다. 간만에 만나 반갑게 대화를 나누었고, 얼마 후 그가 인사부문 전무로 재직 중인 외국계D사로부터 채용 요청이 들어왔다. 이후 외국계D사는 현재 우리의 주요 고객 중 하나가 되었다. 얼마 전에도 우리가 추천한 재무담당 임원이 채용되었다. 처음 헤드헌팅 일을 시작하고 절박함으로 뛰어다닌 결과가 거의 15년이 지나서까지 이어지고 있는 것이다. 인연이란 바로 이런 것이 아닐까 한다.

최동성 전무만이 아니라 몇 년 전 알게 된 조선회사 인사담당 임원 역시 의류 대기업으로 이직해서 피플케어에 의뢰를 해오기도 했다. 이처럼 기존 채용 서비스에 만족한 고객사의 인사담당 임직원들은 이직하더라도 다시 새로운 구인 요청을 해오는 선순환이 이루어진다.

이렇게 두 건의 헤드헌팅을 성사시키면서 나는 큰 자신감을 얻었다. 헤드헌터로 자리를 잡을 자신과, 그렇게 되면 머지않아 빚도 해결하고 더 나은 미래를 설계할 수도 있겠다는 확신이 들었다.

두 건의 헤드헌팅을 성사시키는 데는 4개월이 걸렸다. 사실 그 4개월 동안 당시 K사의 기본급과 헤드헌팅 수수료까지 합쳐봐야 어지간한 직장의 4개월 급여에는 미치지 못했다. 하지만 경험이 쌓이다 보면 하나의 프로젝트를 성사시키는 데 소요되는 노력과 시간이 점점 줄어들 것이고, 단골 기업 고객이 늘어날 것이며, 후보자 데이터베이스도 점점 쌓일 테니 열심히만 한다면 큰 수익을 올릴 수 있을 것이라 봤다. 4개월 이후부터는 매월 1건 이상의 헤드헌팅 성공을 목표로 일했다.

그리고 열심히 뛰는 데는 자신이 있었다. 헤드헌터 초기, 단골이라 할 만한 충성고객이 없었기 때문에 나는 장기적으로 내다보고 밤낮없이 내달렸다. 당시 K사에서는 각 헤드헌터들이 기업 고객 영업 접촉을 하면 그 내용을 인트라넷에 공유하도록 했다. 그때 나의 영업활동 내역을 본 동료들은 내게 '적토마'라는 별명을 붙여주었다. 정기적인 영업 방문 접촉량이 압도적이었을 뿐만 아니라, 심지어 그 기업 대부분이 이름만 대면 알 만한 국내 대기업이나 외국계 기업이었기 때문이다.

  이렇게 압도적인 활동량과 전략적 접근 덕에 나는 헤드헌터로서 빠르게 자리를 잡아갔고, 머지않아 동료 헤드헌터들에게 일을 나누어줄 정도가 됐다.

  K사 시절을 돌아보면, 이사이자 팀장이었던 나는 팀원 모두를 진심으로 대하고 그들이 역량을 발휘할 수 있도록 배려하려 노력했다. 팀원들이 서로를 도와가며 모두 윈-윈(Win-Win)하는 팀 분위기를 만들고 싶었다.

  헤드헌팅은 기업 고객과 후보자 고객을 성공적으로 연결시키는 것이므로(Matching), 두 고객 중 어느 한쪽의 진행에 어려움이 있을 때면 서로 돕는 분위기를 만들었다. 기업 고객 영업에 어려움을 겪는 팀원에게는 내가 받은 구인 요청을 나눠주었고, 적합한 후보자를 찾지 못해 힘들어하는 경우라면 여유 있는 팀원이 함께 진행해 수익을 나누도록 했다.

  관건은 균형을 잡는 것이었다. 헤드헌팅은 각자 프로젝트를 진행하는 일이므로, 헤드헌터들은 기본적으로 다른 사람의 간섭과 지시를 유달리 싫어한다. 그래서 업무와 관련해 도움이 필요한 경우가 아니라면 팀원들의 일에 간섭하지 않으려 주의했다. 또한 성과가 나지 않아 심리적으로 힘들어하는 팀원들을 격려하는 것도 중요한 일이었다. 헤드헌팅이란 앞서 말한 '씨 뿌리는 작업'이 충분히 이루어지지 않으면 성과를 내기 힘든 법인데, 많은 사람이 그 기간을 견디지 못하고 힘겨워한다. 조금만 더 달리면 성과가 나올 게 보이는데도 지레 포기하는 사람이 없도록 팀원들을 잘 살펴야 했다.

여기에는 B사에서의 경험이 크게 작용했다. 당시 우리 팀은 회사의 10년 역사에서 유례없는 성과를 올렸음에도 나는 회사내에서 그리 지지받는 부서장은 아니었던 것 같다. 그전까지 '관리자는 성과만 내면 된다'는 인식이 강해 부서 직원들을 채찍질하고 열심히 달리게 하는 데만 주력했다. 그 결과 확실히 성과는 냈지만, 회사 안에서 나는 점점 고립되어갔다. 그때, 아무리 비즈니스 세계라 해도 무조건 달리는 것만이 전부는 아님을 알게 됐다.

이런 깨달음과 팀의 성과 등이 더해진 결과, 회사에서 헤드헌터들에게 일하고 싶은 팀을 써서 제출하도록 했을 때 전체의 절반 이상이 나의 팀을 지원했다. 회사에서는 원하는 팀에 배정하는 것을 원칙으로 했으나, 우리 팀에 너무 많이 몰리는 바람에 그럴 수 없었다. 결국 우리 팀은 7명만이 배정됐는데, 그것만으로도 인원이 가장 많은 팀이었다.

이는 내가 이룬 성과이기도 하지만, 다른 팀장들이 저지른 잘못 때문이기도 했다. 다른 팀장들은 대부분 파벌과 상명하달 문화에 익숙한 대기업 부장 혹은 임원 출신으로, 사소한 일들을 팀원들에게 떠넘겼다. 특히 여성 팀원들은 비서처럼 대하기도 했다. 팀원들의 의견에는 귀를 기울이지 않았고, 자신이 맡은 프로젝트에 참여

하도록 은근히 강요했으며, 심지어 자신의 일을 어린 헤드헌터들에게 떠넘기고 성과는 자신이 차지하려 하는 일도 있었다. 대기업 부서장으로서의 관행이 그대로 드러난 것이다.

나는 내가 이룬 성과에 자부심을 느꼈다. 개인성과도 좋았고, 팀 성과도 훌륭했으며, 많은 헤드헌터들로부터 지지받고 있었으니 그럴 만도 했다. 머지않아 빚도 다 갚고 자리를 잡을 것이라 생각했다. 허나 세상일이란 언제나 뜻대로만 풀리지는 않는 법임을 다시 한 번 배우게 됐다.

> # 나의 힘만으로는
> # 안 되는 것도
> # 있다

입사 후 1년도 채 되지 않았을 때, 일이 터졌다. 시작은, 나를 채용했던 박철영 부사장이 경영진과의 의견 차이 때문에 회사를 떠난 것이었다. 이어 보험회사 출신의 황 상무가 새로운 본부장으로 왔는데, 헤드헌터로서의 경험은 거의 없는 사람이었다. 그리고 한 달 후, 나는 해고 통지서를 받았다.

황당하기도 하고 화도 많이 났던 나는 즉각 회의실로 황 상무를 찾아갔다.

"상무님, 제가 왜 해고된 겁니까? 도대체 사유가 뭡니까?"

"그냥 해고됐어요."

황 상무의 대답은 나의 분노에 기름을 들이붓는 격이었다. 세상에, '그냥'이라니…….

"그냥이라니요? 그게 말이 됩니까? 해고가 장난입니까?"

"지난주에 인사위원회가 열렸는데, 거기서 결정됐어요. 사장님이 결재하셨고요."

"인사위원회라고요? 인사위원이 도대체 누구인데 이렇게 멋대로 결정한 겁니까? 그리고 사장님은 회사에 거의 나오시지도 않고, 저와는 단 한 마디 나눠본 적도 없는데 결재를 하셨다고요? 도대체가 말이 됩니까?"

나는 잔뜩 화가 나 따졌지만, 황 상무는 덤덤하게 "어쨌든 해고됐으니 그렇게 아세요"라고 답했다. 더 따져봐야 소용없음을 알았기에, 나는 화를 삭이며 돌아서야 했다.

이제 막 헤드헌터로서 자리를 잡아가기 시작할 무렵이었고, 그간 뿌려둔 씨앗이 이제 결실을 맺어가고 있는 시점이었기에 더욱 화가 났다. 더구나 아직 빚도 다 갚지 못한 상황에서 실직이라니, 우리 가족은 어쩌라는 것인가? 최고의 성과를 올리고 있었고 누구와도 마찰 없이 잘 지내고 있던 사람에게 이유조차 알려주지 않고 일방적으로 통보하는 것이 '사람'으로 사업을 하는 이 회사의 방침이란 말인가?

너무도 화가 났지만, 황 상무의 말대로 '어쨌든' 나는 결국 해고되고야 말았다.

그러나 그때, 놀라운 일이 일어났다.

해고 통지를 받고 정리를 시작했으나, 많은 헤드헌터가 내게 일단 다음 주에도 출근할 것을 권했다. 나 역시 절박한 상황이라 황 상무의 모함에 맞서보고 싶은 마음이 있었기에, 동료들의 요청대로 출근을 했다. 한데 식사를 하던 중 팀원들이 내게 말하기를, 동료 헤드헌터들이 나의 복직을 요구하는 연판장을 만들어 사인을 받는 중이니 조금만 기다리라고 했다.

가슴이 울컥하면서 뜨거운 것이 올라왔다. 회사에 반하는 행동을 해서 좋을 게 없을 텐데도 나를 위해 발 벗고 나서주는 동료들에 대한 고마움에 눈물이 날 것만 같았다. 그러면서 비록 해고 결정이 번복되지 않더라도 이런 동료들과 함께했다는 것만으로도 이곳에서 보낸 시간은 결코 헛된 것이 아니라는 생각이 들었다.

"팀장님은 그 누구보다도 열심히 뛰었고, 성과도 충분히 냈어요. 그리고 동료들과도 무리 없이 잘 지내셨고요. 오히려 팀장님의 도움을 받은 사람이 얼마나 많은데……. 그런데 갑자기 해고라니요! 저희도 납득할 수 없어요. 그러니 어떻게든 우리가 바로잡아볼게요. 그때까지는 힘들더라도 조금만 참고 계속 출근해주세요."

결국 나의 해고가 결정된 그다음 주, 전체 인원의 3분의 2가 넘는 헤드헌터가 나의 복직을 요구하는 연판장에 서명을 했다. 나 역시 그들의 말대로 납득할 만한 해고 사유가 밝혀질 때까지는 정상 출근해서 일을 하기로 마음먹었다.

K사는 국내 최초의 헤드헌팅 포털을 꿈꾼 박철영 부사장이 아이

디어를 내고 여러 중견기업이 투자한 자금으로, 명품 업계의 CEO 출신을 대표 겸 사장으로 세웠다. 허나 채용 및 경영 전반을 맡아 운영하던 박철영 부사장이 경영진과의 의견 차로 회사를 떠났고, K사는 자금이 거의 바닥나 다른 헤드헌팅 회사와 합병 약정을 맺어 진행 중이었다. 합병 후에는 상대 회사의 고 사장이 대표이사로 취임할 예정이었고, 실제로 직원들 앞에서 인사를 하기도 했다. 또한 취임을 앞두고 K사의 전반적인 상황을 살펴보던 중, 나의 해고 통지와 복직 연판장 일도 알게 되었다.

이와 관련해 고 사장은 헤드헌터들과 면담을 진행했고, 해고 서류를 비롯해 관련 사항 전반을 점검했다. 그 결과 K사 경영진에서 말한 해고 사유인 '성과가 없다' '새벽에 출근해 회사 정보를 훔쳐서 빼돌린다' '다른 팀에 자기 사람을 심어 마음대로 하려고 한다' 등은 모두 사실무근이라는 판단을 내렸다.

결국 나의 해고 서류에 서명을 한 이전 대표와 곧 취임할 대표가 만난 자리에서 둘은 나의 복직에 합의했다. 해고 통지를 받은 지 보름 만에 다시 복직 통지를 받았다. 당시의 감격을 잊을 수가 없다. 단순히 해고를 피하게 됐다는 사실보다도 나의 복직을 위해 힘써준 동료들의 마음이 고마웠고, 길지 않은 기간이었지만 극심했던 스트레스와 마음고생에서 벗어나게 되자 감정이 북받쳐 올랐다.

하지만 나는 머지않아 결국은 회사를 나가야 했다. 해고는 번복됐으나, 마음은 여전히 불편했다. 나의 해고를 결정했던 황 상무를 포함한 경영진도 심기가 불편해 보였고, 이는 회사 전체 분위기에 영향을 끼쳤다. 이 와중에 내 해고를 결정했던 사장의 개인적인 문제 때문에 한 증권회사 브로커가 매일 회사를 찾아와 아예 회사 출입구 앞쪽 편 책상을 차지하고 앉아 있었다. 이로 인해 회사 분위기는 더욱 뒤숭숭해졌고, 엎친 데 덮친 격으로 회사 합병도 무산될지 모른다는 말이 떠돌았다.

내가 복직한 지 3주쯤 지난 어느 날, 팀원 중 한 명이 면담을 요청했다.

"회사가 계속 어수선해서 일에 집중할 수 없네요. 다음달에 퇴사하려 합니다. 이사님도 이제 복직하시면서 명예회복도 하셨으니 다른 데로 옮기는 게 좋을 것 같다는 생각도 드네요."

이는 그 팀원만의 생각은 아니었다. 다른 팀원들 역시 이직을 고민하고 있었고, 나에게도 이직을 권하는 경우가 적지 않았다.

사실 헤드헌팅 업무는 고객을 방문하고 전화 통화를 하고 후보자 면접을 진행하는 등 활기찬 분위기에서 진행된다. 하지만 당시의 K사는 그런 분위기와는 거리가 멀었다.

이런 점들을 종합할 때, 이번에는 내 발로 직접 회사를 떠날 때가 됐다고 생각했다.

K사로 이직해 처음 헤드헌터로서의 삶을 시작하던 때의 마음가짐을 떠올렸다. 30대 후반, 사업 실패, B사에서의 좌절, S코리아에서 본 인력 파견 시장의 한계, 내 능력을 발휘해 빨리 빚을 갚을 수

있으면서도 보람 있는 일을 찾아 오랫동안 열정적으로 일하겠다는 각오.

K사에서의 길지 않았던 시간은 헤드헌터라는 직업이야말로 내게 꼭 맞는 일임을 확신할 수 있게 해준 기간이었다. 더불어 막연하게나마 내 손으로 직접 헤드헌팅 회사를 만들겠다는 각오를 다지게 해준 시간이기도 했다. 개인의 성과나 인성과는 아무런 상관없이 단지 사내 정치 때문에 희생양이 되는 선량한 헤드헌터가 있어서는 안 된다고 생각했다. 또한 헤드헌터로서의 업무가 얼마나 보람 있는 일인지 직접 경험한 이상, 국내에만 머물 것이 아니라 글로벌 헤드헌팅 회사를 만들고 싶다는 생각도 들었다.

결국 나는 나의 복직을 위해 힘써준 동료들에게 고마움과 미안함을 함께 전한 후, 스스로 K사를 떠났다.

6장
직접 해야만 하는 일도 있다

척박한 철공소 거리에서, 초보 헤드헌터들을 이끌고 C사를 자리 잡을 수 있도록 성장시킨 가장 중요한 동력은 그 일을 내 사업으로 여기는 마음가짐이었다. 그러나 모기업 G커뮤니케이션스의 간섭이 계속됐다. 무엇 하나 내 마음대로 결정할 수 있는 것이 없었다. 결국 2003년 8월 말, 나는 내가 손수 기획하고 키워낸 C사를 떠났다.

'내 사업'을 위한 첫 발을 내딛다

K사를 나온 후, 나는 E사의 대표 컨설턴트로 일했다. 사실 K사에서 해고 통보를 받은 후 다시 복직되기까지의 짧은 기간에 E사로부터 제안이 들어왔는데, 당시는 거절했다. 해고당한 상태로 이직을 한다면 모양새도 보기 좋지 않을 뿐더러, 나 스스로도 그렇게 버림받듯 해고당한 채 K사에서의 생활을 마무리하는 것은 납득할 수 없었기 때문이다.

E사에서 일한 기간은 특별할 것은 없었다. K사에서 하던 일을 장소만 옮겨서 하는 느낌이었다. 그런데 내가 운이 없는 것인지, 내가 입사하고 몇 달 지나지 않아 E사의 주주와 경영진 사이에 혼선이 생기면서 회사 분위기가 묘해졌다. 이미 그런 분위기에서 일한다는 게 어떤 것인지 K사에서의 경험으로 알고 있었기에, 이번에는

길게 고민하지 않고 이직을 결심했다.

E사 퇴사를 결심하면서 나는 솔직히 좀 지치긴 했다. 체력적인 문제도, 열정이 식은 것도 아니었다. 여전히 열정도 넘쳤고 헤드헌터로서 성과를 올리는 것도 자신이 있었지만, 내가 어쩔 수 없는 이유로 해고당하거나 회사를 나올 수밖에 없는 상황이 반복되면서 정신적으로 조금 지쳤던 것이다. 내 잘못으로 해고당했거나 내 실수로 나가야만 하는 상황이었더라면 달랐겠지만, 나로서는 이런 상황이 반복되는 것을 참기 어려웠다. 다시는 이런 일을 겪지 않기를 바랐다.

그러던 중 박철영 전 K사 부사장의 소개로, 신규 수익 사업을 찾고 있던 G커뮤니케이션스를 방문하게 됐다. G커뮤니케이션스는 수익 사업을 찾는 중이었다. 운영은 정한일 사장이 맡고 있었다.

정한일 사장과 경영진을 만나 내가 작성한 '헤드헌팅 사업계획서'를 나눠주었다. 헤드헌팅 사업의 미래 전망이 밝다는 점과 헤드헌팅 사업을 신규 설립한다면 내가 지금껏 쌓아온 인력 시장에서의 뛰어난 이력을 바탕으로 성공시킬 자신이 있음을 주장했다.

당시 나는 한국 경제 규모에 걸맞은 헤드헌팅 회사가 국내에도 있어야 한다고 생각했다. 여러 분야에서 글로벌 시장을 선도하고 있는데, 헤드헌팅 업계라고 해서 그렇게 되지 말라는 법은 없다고 여겼다. 더구나 국내의 뛰어난 인재들이 글로벌 시장에서 활약할 수 있도록 그들에게 기회를 주고 싶기도 했다. 사업 계획을 수립할 때도 국내 최대 규모의 헤드헌팅 회사가 된 이후 미국과 중국을 공략한 후 아시아와 유럽 등으로 진출하겠다는 포부를 밝혔다. 이미 나의 영업력과 추진력만으로도 충분한 성과를 거두어봤으니 여기에 자본금까지 더해진다면 국내 헤드헌팅 업계에서 최고의 회사를 만드는 것은 시간문제일 뿐이라고 생각했다. 그렇게 기반이 다져지면 이미 여러 업종에서 글로벌 회사로 성장한 많은 한국 회사들부터 고객으로 삼아 해외 진출의 발판을 마련할 자신이 있었다.

프레젠테이션 다음 날, 사업계획서 내용대로 나의 책임 하에 G커뮤니케이션스 헤드헌팅 사업을 추진하는 것으로 결정되었다는 통지를 받았다.

2001년 3월 2일, G커뮤니케이션스 본사 사무실에 있는 경제주간지 편집국과 컨설팅 사업부 임직원들과 처음으로 인사를 나누었다. 이후 곧바로 G커뮤니케이션스에서 운영하는 성동구 상왕십리 소재 G커뮤니케이션스 IT교육센터로 출근했다.

나는 사업계획서를 작성할 때 대기업과 외국계 기업이 밀집한 비즈니스 중심지, 강남구 테헤란로 인근에 사무실을 여는 것으로 제시했다. 그러나 G커뮤니케이션스 경영진은 우선 G커뮤니케이션스 IT교육센터의 원장을 겸하면서 성과를 보여주면 강남에 사무실을 내는 것으로 방향을 잡았다. 마음 같아서야 당장 원하는 대로 일을 벌여보고 싶었지만, 모든 것을 원하는 대로 할 수는 없었기에 일단 그 제안을 받아들였다.

첫 출근하던 날 아침, 지하철 2호선 상왕십리역 1번 출구에서 직진했다. 당시 그 거리에는 쇳가루 날리는 오래된 철공소가 즐비했다. 바닥에는 철공소에서 날아온 쇳가루가 쌓여 어둡고 우중충한 느낌이었다. 쇠 자르는 소리가 귀를 찔렀다.

그렇게 한동안 걸으니 철공소가 사라지고 사무용 건물 하나가 모습을 드러냈다. 내가 출근할 G커뮤니케이션스 IT교육센터 사무실이 있는 곳이었다. 기존의 경제주간지 사업본부와 컨설팅 사업본부가 있던 G커뮤니케이션스는 헤드헌팅 사업본부가 더해져 3개의 사업부로 나뉘었다. 각 사업본부가 개별 회사처럼 움직이는 조직이었다.

나는 기존 직원의 안내로 내 자리에 가방을 둔 후 2개 층, 9개 강의장으로 구성된 교육센터를 둘러보았다. 이후 교육센터 직원 두 명과 함께 회의실로 이동해 김철호 팀장으로부터 교육센터의 운영 상황에 대해 들었다.

"건물의 2개 층을 임대해 9개 IT 강의장을 보유하고 있습니다. 모든 강의장은 좌석마다 컴퓨터가 설치되어 있고, 그 외 시설도 좋은 편입니다. 현재는 두 개 강의장에서 두 개의 강의만 운영되고 있고, 일곱 개 강의장은 비어 있는 상황입니다. 고용노동부 지원프로그램인 그 두 개 강의도 곧 끝날 예정이나, 임대기간이 아직 많이 남아 있어서 철수하기도 어렵습니다."

첫 날과 둘째 날은 지금까지의 교육센터 운영 실태를 살펴보며 어떻게 이곳을 살려낼 것이며 이후의 헤드헌팅 사업은 어떻게 진행해나갈 것인지를 고민했다.

일단은 교육센터를 살려내는 것이 우선이었다. 그리고 내가 해본 적 없는 분야의 일이라면 잘되고 있는 곳을 참고하는 게 최선일 것 같았다. IT 교육 사업을 성공적으로 운영하고 있는 삼성SDS캠퍼스와 비트컴퓨터 교육센터를 참고 대상으로 삼았고, 예전에 함께 근무했던 헤드헌터에게 소개를 받아 그 교육센터의 운영자들을 만났다.

그들과의 미팅 후 내가 내린 해답은 '취업'이었다. 그 두 곳은 일단 수료만 하면 취업이 잘되었던 것이다. 특히 비트컴퓨터 교육센터는 거의 모든 수료생이 취업되기 때문에 입학 경쟁이 치열했다. 반면 G커뮤니케이션스 IT교육센터의 수료생은 취업률이 상당히 낮았다. 그러니 수강생들 입장에서야 매력을 느낄 수 없는 것이었다.

다섯째 날, 나는 김철호 팀장과 이경순 주임을 회의실로 불러 앞으로의 사업 추진 방향에 대해 이야기했다.

"나는 이곳에서 본격적으로 헤드헌팅 사업을 시작하기로 결정했습니다. 우선 비어 있는 IT교육센터 강의장 한 곳에서 2개월 과정의 헤드헌터 스쿨을 개강하겠습니다. 유료 수강생을 모집하되 수강생은 사전 인터뷰를 통해 선발합니다. 그렇게 교육을 마친 수료생 전원은 헤드헌터로 채용할 계획입니다. 일종의 취업보장형 헤드헌터 스쿨을 오픈하는 것입니다."

G커뮤니케이션스 전체의 적자가 심각한 상태에서, 폐업 위기에 있는 이 교육센터를 놔두고 강남 중심지에 헤드헌팅 사무실을 얻는 것은 바람직하지 않았다. 진퇴양난에 처한 이 넓은 강의장들을 모두 철거하고 헤드헌팅 사무실로 개조하면, 아쉬운 대로 이곳에서 헤드헌팅 사업을 펼칠 수 있을 것 같았다.

나는 곧바로 계획을 차근차근 실행해 나갔다.

전환점이 되어준 헤드헌터 스쿨

다음 날, G커뮤니케이션스 IT교육센터 홈페이지에 '헤드헌터 스쿨' 개강 일정 및 계획을 공지하고 수강생 모집을 시작했다. 헤드헌터가 무엇인지에 대한 소개와 장래성 등에 대한 설명에 이어 모집요강을 간략하게 정리했다.

* 교육명: 헤드헌터 스쿨
* 교육내용: 헤드헌터 양성 교육과정
* 모집과정: 주간반(월~금 오전10시~오후5시, 1시간 휴식)
* 교육기간: 2개월(2003년 5월 2일~6월 30일)
* 교육장소: G커뮤니케이션스 IT교육센터(지하철 2호선 상왕십리역 1번 출구)

> * 교육비: 130만 원
> * 혜택: 수료자 전원 헤드헌터로 고용(원하는 사람에 한함)
> * 기타 : 신청자 중 면접을 통해 최종 수강생 선발 예정(면접 일정 추후 공지)

사실 이때만 해도 강의안 등은 완전히 준비되지는 않았다. 개강까지 시간이 있었으니 그 안에 만들 생각이었다. 사업을 하다 보면 때로는 '먼저 팔고 나중에 만드는' 이런 방식도 필요한 법이다. 수강생은 나와 함께 일하게 될 테니 강의는 내가 맡아야 했다. 함께 일할 사람들을 직접 가르쳐야 나와 호흡이 잘 맞을 테니 말이다. 그리고 필요하다면 예전 동료들을 초대해 특강 형식으로 현직 헤드헌터와의 만남을 추진할 수도 있겠다고 생각했다.

사실 주위에서는 우려하는 사람이 많았다. 우선 '전원 취업 보장'이라는 파격적 조건을 문제 삼는 사람들이 있었다. 하지만 수강생의 수를 제한할 예정이었고, 면접을 진행해 선발한 사람들을 내가 직접 가르칠 예정이었으니 문제될 게 없었다. 어차피 헤드헌팅 사업을 제대로 하려면 직원은 필요하다. 그런데 브랜드가 알려지지 않은 신설 헤드헌팅 회사에 경력직 헤드헌터가 지원할리가 없다. 그래서 신입들을 뽑아 팀워크를 다져갈 생각이었는데, 어느 분야의 어떤 회사건 신입 직원을 뽑으면 교육은 필수다. 그러니 나로서는 어차피 해야 할 신입 직원 채용 과정을 돈까지 받아가며 하는 것이니 이득이었다.

너무 비싼 교육비를 문제 삼는 사람도 있었다. 당시 130만 원이라면 지금은 200만 원도 넘는 금액인데, 누가 신청을 하겠느냐는 것이었다. 하지만 이 역시 문제가 되지 않는다고 봤다. 우선 2개월간 진행되는 소수정예의 강의라면 비용이 높을 수밖에 없다. 더구나 취업까지 보장이 되는 강의였다. 그 정도 금액도 부담하기 싫은 사람이라면 헤드헌터가 되고 싶은 의지가 약한 것이라 할 수 있다. 그런 수강생은 어차피 면접 과정에서 탈락할 것이다. 그러니 이 금액은 나의 몸값을 고려한 것이기도 했고, 헤드헌터가 되고자 하는 수강생의 의지를 확인하기 위한 최소한의 장치이기도 했다.

수강생을 모집하기 위해 적극적으로 홍보를 시작했다. G커뮤니케이션스 IT교육센터가 취업사이트와 맺은 계약 기간이 아직 남아 있어 홍보 이메일 서비스를 사용할 수 있었다. 또한 G커뮤니케이션스의 경제주간지 사업본부에도 홍보를 요청했다.

그러나 나흘이 지나도록 수강생은 한 명도 모이지 않았다. 급히 언론사와 접촉했으나 경쟁사인 G사가 하는 사업이라는 점 때문에 모두 부정적이었다. 유료 광고를 하기에는 비용이 만만치 않아 기사 형식으로 다루고자 했으니, 그들 입장에서는 돈도 안 되는 일을 해서 경쟁사를 도와줄 이유가 없었던 것이다.

다급해진 나는 인맥을 총동원하기로 했다. 나는 대학 때 신문방송학을 전공했는데, 그렇다보니 동문들 중 언론사에서 일하는 사람들이 좀 있었다. 그중 S스포츠의 편집국장이 나의 대학 선배였다. 당시만 해도 스포츠 신문이 제법 판매가 잘될 때였다. 문제는 그 선배와 그리 각별한 관계가 아니었다는 것이다. 동문회 때 인사를 나누는 정도의 관계였을 뿐이다.

하지만 한시가 급한데 머뭇거릴 수가 없었다. 그래서 나는 생각한 바를 즉시 행동으로 옮겼다.

일단 S스포츠 편집국을 방문해 데스크 직원에게 명함을 내밀었다.

"안녕하세요? 문상국 편집국장님을 뵈러 왔습니다. 학교 후배인 신중진이라고 전해주세요."

직원은 어디론가 전화를 걸었고, 곧 웃으며 말했다.

"들어오시라고 하네요. 저기 안쪽 맨 끝 방으로 가시면 됩니다."

"네, 감사합니다."

편집국장실로 찾아갔을 때, 선배는 웃으며 반갑게 맞아주었다.

우리는 간단하게 인사를 나누었고, 서로 바쁜 처지라 금세 본론으로 들어갔다.

"선배님, 사실 제가 G커뮤니케이션스에서 신규 사업으로 시작한 헤드헌팅 사업 총괄책임을 맡았습니다. 그래서 이번에 헤드헌터 양성 교육과정을 만들었는데, 혹시 기사로 낼 수 있을까요?"

"그래? 사회부 쪽에 실을 수 있는지 물어볼게."

문상국 편집국장은 사회부 기자를 호출했다. 선배는 나와 가까운 사이는 아니었으나 후배가 뭔가를 시작한다고 하니 도와주고 싶기도 했던 것 같고, S스포츠에 맞는 기사라면 자신에게도 손해는 아닐 거라 여긴 듯했다. 어쨌든 사회부 기자를 만나게 해준 것만으로도 고마운 일이었고, 설득은 내 몫이었다.

나는 사회부 기자에게 헤드헌팅이란 무엇인지, 어째서 헤드헌팅 업계의 미래가 밝은지를 설명하고, 그런데도 제대로 된 헤드헌터 양성 과정이 없는 상황이라 이번 강의가 널리 알려져야 함을 강력하게 주장했다. 그러자 기자는 잠시 고민하더니 고개를 끄덕였다.

"일반적인 교육은 기삿거리가 되지 않으니, '미래 유망 직업으로서의 헤드헌터와 그 추세' 같은 형식으로 기사를 쓰고, 곁들여 홍보할 내용을 포함시키면 가능할 것도 같군요."

이틀 후 약속한 그대로 신문에 기사가 실렸다. 그리고 그 효과는 기대 이상이었다. 기사가 나간 후부터 전국에서 걸려온 전화로 교육센터는 전화가 울리는 소리가 끊기지 않았다. 김철호 팀장의 말대로라면 심지어 목욕탕 내의 이발소에서 머리를 자르다가 전화한 사람도 있다고 한다.

그렇게 헤드헌터 스쿨은 성공적으로 홍보가 됐고, 나는 예정대로 모든 지원자들과 인터뷰를 했다. 그런데 인터뷰를 하러 온 지원자

몇몇이 조심스레 말했다.

"상왕십리역에서부터 여기까지 오는데 철공소밖에 없어서 사실 좀 의심하기도 했어요. 진짜 이런 곳에 헤드헌팅 회사가 있는 게 맞는 건가 믿기 힘들었거든요."

애써 웃어 넘겼지만, 솔직히 좀 씁쓸했다. 그러나 헤드헌터 스쿨 이후 공격적인 영업을 벌인다면 국내 최대의 헤드헌팅 업체가 될 것임을 믿어 의심치 않았고, 지원자들에게도 그렇게 설명했다.

최종 등록한 수강생은 20명이었다. 나는 정말 열과 성을 다해 이들을 가르쳤고, 나의 노하우를 아낌없이 전수했다.

2002년 6월말, 2개월의 헤드헌터 양성 교육과정을 마치고 수료증을 수여했다. 그리고 G커뮤니케이션스에서 헤드헌터 일을 하고 싶은지 의사를 물었더니 그중 9명이 좋다고 했고, 나는 약속대로 그들을 모두 받아들였다.

이로써 헤드헌터 스쿨을 거쳐, 헤드헌팅 사업을 본격 추진할 수 있는 첫 번째 단계가 성공적으로 이루어졌다. 헤드헌팅 사업의 전부라고 할 수 있는 헤드헌터를, 그것도 나의 노하우를 고스란히 전수받은 사람들로만 9명을 확보한 것이다.

C사 설립

2002년 7월 1일, 헤드헌터 스쿨 수료자들과 함께 공식적인 헤드헌팅 업무를 시작했다.

보상체계는 기본급 60만 원에 헤드헌팅 성공 실적에 따른 성과급을 35%로 정했다. 여기서 성과급이란 헤드헌터 개인이 성사시킨 헤드헌팅 성공에 따라 회사가 받게 되는 수수료 중 헤드헌터가 받아가는 금액의 비율이었다. 즉, 한 헤드헌터가 성사시킨 계약으로 헤드헌팅 업체가 받게 될 수수료가 5천만 원이라면, 그 35%인 1천 750만 원을 그 헤드헌터가 받아가는 것이다. 여기에 매출액이 7천만 원을 넘어가면 성과급을 55%로 상향했다.

이 보상체계는 내가 예전 회사에서 헤드헌터로 일하는 동안 받았던 것과 동료 헤드헌터들을 통해 알게 된 업계 전반의 조건을 고려해 만든 것이었다. 기본급은 낮춘 대신 성과급 비율을 높임으로써 헤드헌터들이 더욱 적극적으로 영업을 하게 만드는 게 목적이었다. 기본급이 높으면 영업을 열심히 해야 할 동기가 사라지는 게 될 수도 있고, 장기적으로 보면 이는 헤드헌터들 입장에서도 동기부여가 되지 않는다. 그래서 기본금액이 적어 초반에는 다소 힘들더라도 성과급을 높이는 편이 회사를 위해서도, 헤드헌터를 위해서도 좋다고 생각했다. 요즘 헤드헌팅업계 상황은 성과급 비율이 더욱 높아졌지만, 당시는 다른 회사보다 성과급이 높은 편이었다.

참고로 헤드헌터 스쿨은 2002년 9월까지 총 4기까지 운영했다. 이 무렵 G커뮤니케이션스의 헤드헌터는 총 37명까지 늘었다.

나는 홈페이지와 인트라넷을 제작해 대규모 헤드헌팅 사업을 위한 기반을 조성했다. 또한 G커뮤니케이션스 IT교육센터의 9개 강의장 8개는 철거해 헤드헌팅 사무실과 후보자 면접실로 개조했다. 남은 1개 강의장은 헤드헌터 스쿨 강의와 회의실로 사용했다.

이로써 폐업 위기의 G커뮤니케이션스 IT교육센터 장소는 다른 용도로 살아났다.

지금까지 G커뮤니케이션스라고 칭해왔지만, 헤드헌팅 업무를 본격적으로 시작하면서는 사업부의 브랜드를 만들었다. 나는 브랜드 이름을 'C사'로 정했다.

나는 당시만 해도 C사가 미디어 중심의 (주)G커뮤니케이션스

법인 내 하나의 사업부일 뿐이지만, 제대로 헤드헌팅 사업을 펼치려면 향후 독립적인 법인이 되어야 한다는 확고한 신념을 가지고 있었다. 그래서 더욱이 초기부터 별도의 브랜드를 가지고 고객들 머릿속에 인식될 필요가 있다고 여겼다. 또한 3년 안에 C사를 국내 헤드헌팅 산업을 이끄는 선두주자로 만들고, 그 이후에는 해외로 진출한다는 꿈을 가지고 있었으므로 브랜드는 특히 중요한 문제였다.

그해 7월에는 매출이 한 건도 없었다. 그러나 나는 헤드헌팅 업무에는 '씨를 뿌리는 기간'이 필요함을 누구보다 잘 알고 있었기에, 모두가 한마음으로 열심히 뛰면 반드시 성공할 것이라 확신했다. 그래서 헤드헌터들이 업무에 집중할 수 있도록 물심양면으로 지원했다. 여기에는 K사에서 팀장으로서의 경험이 큰 도움이 됐다. 당시 서로의 취약한 부분을 보완할 수 있도록 조율을 했는데, 그때와 마찬가지로 기업 고객 영업이 약한 사람에게는 내가 받은 의뢰를 나누어주기도 했고, 후보자 서치에 어려움을 겪는 경우 프로젝트 진행에 여유가 있는 동료와 함께하도록 독려했다.

헤드헌팅을 처음 시작하면 가망기업 고객 영업을 위해 영업할 목표기업 목록을 작성하는데, 초보 헤드헌터는 여기서부터 어려움을 겪기도 한다. 이들에게는 경험도 쌓고 방법도 익히게 할 겸, 영업할 가망기업들의 정보를 주어서 접촉하도록 지원했다. 경험이 없어서 가망기업 고객 영업 방문을 힘들어하는 경우 자신감을 가질 때까지 동행했다. 또한 헤드헌팅 진행 중 불편한 사항이나 문제가 있을 때는 항상 경청하고 협의해 함께 문제를 풀어나갔다.

8월에 들어 C사 최초의 헤드헌팅 성공 사례가 생겼다. 한 헤드헌터가 소프트웨어 개발 경력자 부문 추천에 성공한 것이다.

비록 한 건에 불과했고 당시 C사가 받게 될 수수료는 6백만 원이 조금 되지 않았지만, 초보 헤드헌터들에게는 매우 의미 있는 일이었다. 교육을 통해 배운 것을 실행해 마침내 성공을 거둔 값진 성과였기 때문이었다.

7월 C사 홈페이지 오픈에 이어 8월에는 인트라넷 제작을 완료했고, 헤드헌터 채용과 양성도 계속되면서 내 계획은 착실하게 진행되어 갔다. 내가 인트라넷을 제작하는 데 심혈을 기울인 이유에 대해 궁금해 하는 사람들이 있어 여기서 잠시 언급하고 가려 한다.

헤드헌터는 경력이 쌓이다 보면 수천 개에서 수만 개까지 이력서를 보유하는 경우도 있다. 이렇게 보유한 이력서가 너무 많으면 개인이 엑셀 등으로 관리하기가 벅차다. 게다가 기업 고객 정보 역시 헤드헌터 간에 중복되지 않아야 하기에 인트라넷을 통해 효율적으로 관리할 필요가 있었다.

9월에는 10명의 헤드헌터가 헤드헌팅에 성공했다. 소프트웨어 개발, 기구설계, 품질기획, ERP소프트웨어개발, 영업관리팀 매니저 등 다양한 분야에서 헤드헌팅 성공이 이루어졌다는 사실이 더욱 고무적이었다.

초보 헤드헌터들은 실제적인 헤드헌팅 성공을 경험하면서 더욱 자신감을 갖게 되었다. 그때마다 나는 개인적으로도, 공개적으로도 칭찬하고 격려했다. 그리고 월례회에서는 성공한 헤드헌터들이 성공 스토리를 발표하게 함으로써 노하우를 공유하게 했다. 이는 동기부여 측면에서도 도움이 됐고, '나도 할 수 있다'는 자신감을 심어주는 효과도 있었다.

내가 강조하는 것 중 하나가 바로 'Can Do Spirit' 즉 '할 수 있다는 마음가짐'이었다. '여러분 모두 잘할 수 있으니 자신감을 가져라.' 이게 바로 내가 하고 싶었던 말이었다. 실제로 어떠한 구인 요청이든 각 분야에 종사한 경력이 있는 동료 헤드헌터들과 협업하면 적합한 후보자를 추천할 수 있다.

또한 자신감은 고객과 접촉할 때 더욱 중요하다. 헤드헌터가 자신감 있는 모습을 보여야만 기업과 후보자 고객 모두에게 신뢰를 심어줄 수 있기 때문이다.

2002년 10월에 C사의 3/4분기 실적을 점검하고 4/4분기 계획을 정리해보니 계획대로 순항하고 있었다. 그런데 그 무렵, G커뮤니케이션스에는 작은 변화가 있었다. 새로운 수익사업으로 여성골프 월간지를 창간했는데, 미국에서 발행하는 기존 잡지 라이센스를 가져다가 한국의 여성 골프 관련 기사와 뷰티, 여행 등을 추가하는 것이었다. 여성 상류층을 목표로 한 잡지로, 고가의 여성 명품 광고를 유치하겠다는 전략이었다.

미디어본부의 분위기가 점차 어수선해지기 시작했다. 그간 누적된 적자로 자본금이 반 토막 난 상태에서 G커뮤니케이션스 모기업과 주주들의 압박이 계속됐다. 그런 상황에서 시작한 이 골프 월간지 또한 적자가 계속되었고, 장래성도 불투명하다는 시각이 지배적이었다.

그러자 G커뮤니케이션스 경영진은 경제주간지 편집국 기자들과 디자인 직원 등의 인원을 대폭 줄이는 구조 조정을 검토했다. 그러나 경제주간지 편집국 기자들이 반발하면서 회사 분위기는 점차 악화되었다.

C사를 떠나다

뒤숭숭한 분위기 속에서도 C사는 착실하게 성장했다.

2003년 3월 12일, 나는 C사의 경영전략을 점검했다. 우선 SWOT 분석을 통해 나아가야 할 방향을 다시 확인해볼 생각이었다.

* 강점(Strength)
  - 모기업 일간지의 긍정적인 브랜드 이미지를 통한 공신력
  - 국내 최대 규모의 기업형 헤드헌팅
  - 헤드헌터 스쿨 교육과정을 통한 헤드헌터 확보
  - G커뮤니케이션스 매체를 통한 지속적인 홍보

- 효율적 On-Line System

* 약점(Weakness)
- G커뮤니케이션스 매체 외의 마케팅 한계(비용 포함)
- 지리적 낙후성
- 후보자 DB 빈약
- 헤드헌터들의 경험 부족
- 입사 초기 낮은 기본급으로 안정성 결여
- 미디어 본부의 적자 운영으로 재정 불안정
- 헤드헌팅 본부의 자율적 운영의 한계(예산 집행)

* 기회(Opportunity)
- 아시아태평양지역 한국 위상 강화와 시장 개방에 따른 헤드헌팅 시장 규모 확대
- 헤드헌팅 회사의 대형화 추세
- 기업체의 채용 관행 변화(경력직 선호, 수시 채용)

* 위협(Threat)
- 헤드헌팅 업체 난립에 따른 경쟁 치열
- 경기 침체 전망에 따른 시장 성장 지연
- G커뮤니케이션스 회사 전체 적자에 따른 공격적 경영 부담

나는 이 SWOT분석을 통해 C사의 현주소를 살펴보았고, 이를 토대로 강점은 강화하고 약점은 보완할 생각이었다. 헤드헌터는 40명에 이르렀고, 충원을 계속할 예정이었다. 헤드헌팅 사업은 순조롭게 진행되었다. 2003년 말이면 흑자 달성이 예상됐다.

그러나 2003년에도 G커뮤니케이션스의 분위기는 좋아지지 않았다. 미디어본부 기자들은 회사의 구조조정 계획을 받아들이지 않았다. 경영 적자의 가장 큰 책임은 경영진에게 있으니 회사를 떠나야 할 것은 경영진이라 주장했다.

이러한 분위기가 모기업 신문과 다른 주주들에게 전해졌다. 결국 모기업과 주주들은 당시의 사장과 경영기획실 임원들, 골프 잡지의 취재부장과 기자들은 G커뮤니케이션스를 떠나게 했다. 이어 C사와 월간 골프잡지는 (주)G커뮤니케이션스에서 완전히 분리하기로 했다. 이제 모기업 일간지와는 무관해 졌으므로 더 이상 모기업 일간지에서 따온 이름을 사용하지 못하게 됐다.

반면 경제주간지를 발행하는 미디어 본부와 여론조사를 수행하는 컨설팅 본부는 기존 G커뮤니케이션스 소속으로 남았다.

이 외에도 몇 가지 조정이 있었다. 그리고 G커뮤니케이션스에서 분리되어 나온 부서들은 모두 짐을 꾸려 상왕십리에 위치한 헤드헌팅사업 본부 C사의 사무실로 이사를 해왔다.

이때, 나는 더 이상 예전과 같이 C사를 이끌어갈 수 없을 것임을 예감했다. G커뮤니케이션스 전 사장과 경영기획실 임원들이 이제 더 이상 할 일이 없어졌으니, 이제 주력사업이 된 헤드헌팅 사업에 적극 간섭할 수밖에 없을 것 같았다. 사소한 것 하나까지도 보고를 해야 할 것이고, 내 머릿속에 그려둔 계획을 실행하려 해도 결재가 나지 않을 가능성이 높았다. 작은 일부터 큰일까지 모든 것을 나의 책임 하에 결정하고 실행했는데, 이제 그 결정권을 넘겨줘야 할 시기가 다가온 것이다.

척박한 철공소 거리에서 초보 헤드헌터들을 이끌고 C사를 이 만큼 자리 잡을 수 있도록 성장시킨 가장 중요한 동력은 그 일을 내 사업으로 여기는 마음가짐이었다. 헤드헌터로서 여러 일을 겪어오면서 내가 생각하는 헤드헌팅 업체에 대한 밑그림을 그려왔고, 이를 실행할 기회를 놓치지 않으려고 온 힘과 노력을 다한 덕에 그때까지 끌어올 수 있었던 것이다.

내 예상대로 C사에 대한 간섭이 계속됐다. 당시 C사는 2개 층을 사용하고 있었는데, G커뮤니케이션스에서 갈라져 나온 인원들은 아래층을 썼다. 그러던 어느 날, G커뮤니케이션스 전 사장이 커피 한잔하면서 경영지원실과 함께 헤드헌팅 사업에 대한 정보를 공유하고 회의하자고 했다. 그리고 그때부터 매일 아침마다 아래층으로 내려가 헤드헌팅 사업부의 사업 진행 사항에 대해 사실상 '보고'를 해야 했고, 그때마다 세세한 것 하나까지 간섭을 받아야 했다. 무엇 하나 내 마음대로 결정할 수 있는 것이 없었다. 이런 분위기에서라면, 과감한 투자를 통해 앞으로 1~2년 이내에 국내 최대의 헤드헌팅 업체가 된 이후 해외까지 진출하겠다는 나의 계획은 절대로 불가능할 것이었다.

결국 나는 C사에서의 나의 꿈을 내려놓기로 마음먹었다. 그리고 2003년 8월 말, 나는 마침내 내가 손수 기획하고 키워낸 C사를 떠났다.

4부

헤드헌터가 부자되는 회사

7장
모든 조건을
갖추고 시작하는
사업은 없다

사람이 전부인 회사, 헤드헌터가 주인인 회사, 국제적 위상에 맞는 글로벌 헤드헌팅 회사. 그것이 내가 그리는 헤드헌팅 업체의 모습이었다. C사에서 이루지 못한 것들을, 이번에는 내가 직접 창업해 이루어내고야 말리라. 내 무기는 항상 절박함이었다. 지금, 그 어느 때보다도 절박한 이 순간, 나는 성공할 수밖에 없을 것이다.

나에게 주어진 길

　　　　　　　　　　　　　C사에서의 마무리는 씁쓸했지만, 나는 내가 원하는 헤드헌팅 회사를 어느 정도 일구어냈다. 그 과정에서의 성취감은 헤드헌터로서 경험하는 헤드헌팅 성공 때와는 또 달랐다.

　사업을 하자니 자금도 부족한 데다가 만약 자금이 있다 해도 아내에게 말을 꺼내기도 미안했다. 이미 사업 실패로 빚더미에 깔려 있는데 어떻게 또 사업을 하겠다는 말을 꺼낸단 말인가?

　2003년 8월 말 어느 저녁, 그렇게 나는 실의에 빠진 채 터덜터덜 걸었다. 걷다 보니 을지로3가역이 나타났다. 집으로 가는 지하철을 타기 위해 나는 역 안으로 들어갔다. 한데 그곳에서, 내 마음을 뒤흔든 시 한 편을 전철역에서 보게 됐다.

서시

윤 동 주

죽는 날까지 하늘을 우러러
한 점 부끄럼이 없기를,
잎새에 이는 바람에도
나는 괴로워했다.
별을 노래하는 마음으로
모든 죽어가는 것을 사랑해야지.
그리고 나한테 주어진 길을
걸어가야겠다.

오늘 밤에도 별이 바람에 스치운다.

우리나라 국민이라면 익히 알고 있을 시였지만, 그 순간만큼은 하늘이 나를 위해 준비해둔 시처럼 느껴졌다. 나의 갈 길을 정해야 했던 그때, 쉽게 마음을 정하지 못해 방황하고 있던 그때, 그 시는 내게 재촉했다. '주어진 길을 걸어가라'고…….
  가슴이 뜨거워졌다. 시 앞에 서서 걸음을 옮길 수조차 없었다. 그냥 두 눈을 감고, 하염없이 눈물을 쏟아내며 서 있었다.

일본의 강제점령기, 깨끗한 마음으로 살고자 했던 윤동주 시인의 내적 가난함이 너무나도 절실하게 내 가슴을 치고 들어왔다.

'그래! 나도 나에게 주어진 길을 묵묵히 걸어가야지! 고통은 바라보는 것이 아니라 짊어지는 것이다. 고통을 짊어지고, 한 걸음 내딛자. 앞으로 어떻게 살아갈 것인가는 내가 어떤 선택을 하는가에 달려 있다. 새롭게 시작하는 거야! 다시 한 번 창업의 길로 나서자!'

아마도 정말 견뎌내기 힘든 고통이 뒤따를 것이다.

하지만 아무리 힘겨워도 나는 이겨낼 것이다. 나에게는 그 어떤 상황에서도 나를 지지해줄, 그리고 눈감는 그 순간까지 서로의 무게를 짊어질 십자가가 있으니 말이다.

어느 날 저녁, 아내에게 물었다.

"당신의 십자가는 뭐라고 생각해?"

아내는 손으로 나를 가리키면서 말했다.

"당신!"

뜻밖의 대답에 나도 모르게 웃음이 나왔다. 나는 가족이 나의 십자가라고만 생각했지 아내 역시 나를 십자가로 여길 줄은 몰랐다. 한 치 앞도 보이지 않는 어두운 밤길을 가족이라는 십자가를 지고 힘겹게 걷고 있다 여겼는데, 나의 가족들도 마찬가지로 나와 꼭 같은 무게의 십자가를 함께 짊어지고 가고 있었던 것이다. 그때 나는 행복할 때나 힘겨울 때나 함께하는 삶의 동반자가 있음에, 힘겨운 속에서도 크나큰 위로를 받았다.

이제 내게 주어진 운명을 받아들이고, 내 십자가를 묵묵히 지고 앞을 향해 나가고자 했다. 이 시련을 나에게 주어진 삶의 과제로 받아들였다. 어느 누구도 나를 시련으로부터 구해낼 수 없고, 대신 고통을 짊어질 수도 없었다. 내 삶의 주체는 '나' 자신이었다. 경제적 고통 중에도, 나는 내 삶의 길 위에 서 있었다.

'다시 시작이다. C사에서 이루지 못한 것들을, 이번에는 내가 직접 창업해 이루어내고야 말리라. 내 무기는 항상 절박함이었다. 지금, 그 어느 때보다도 절박한 이 순간, 나는 성공할 수밖에 없을 것이다.'

빈 책상 하나로 다시 시작하다

다시 사업을 하기로 결심하고 처음으로 한 행동은 아내에게 내 뜻을 전하는 것이었다.

아직 빚을 완전히 해결하지 못한 상태에서 아내에게 말을 꺼내기까지의 내 고민은 컸지만, 아내는 참 고맙게도 별 고민 없이 나를 믿어주었다. 가족의 반대 때문에 오롯이 사업에 집중하지 못하는 경우를 종종 보는데, 그런 의미에서 나는 운이 좋은 사람이었다. 이토록 힘든 상황에서도 나를 믿어준 아내라면 더 어려워지더라도 끝까지 나를 지지해줄 것이 분명했다. 나로서는 더없이 든든한 동지를 얻은 것이다.

다음으로 한 것은 회사 이름을 짓는 것이었다. 나는 회사명을 피플케어(PeopleCare)로 지었다. 'I Can Care People'에서 나온 것으로 ' 사람에 대한 존경심(Respect For People)'을 담고자 한 이름이었다.

헤드헌터로서 바닥부터 시작해 신규 영업으로 최고의 성과를 올린 이력, 비록 다른 회사의 자금으로 진행한 것이긴 하지만 새로운 헤드헌팅 업체를 설립하고 직원을 뽑고 교육하여 번듯한 회사로 키워낸 경험, 여러 회사를 접하면서 명확히 파악한 국내 헤드헌팅 업체들의 허와 실, '어떤 회사를 만들 것인가'에 대한 진지하고도 오랜 고민……. 이 모든 것들이 합쳐져 머릿속에서 하나로 정리가 됐다.

사람이 전부인 회사, 헤드헌터가 주인인 회사, 한국의 국제적 위상에 맞는 글로벌 헤드헌팅 회사. 그것이 내가 그리는 헤드헌팅 업체의 모습이었다.

하지만 장기적인 글로벌 헤드헌팅 업체도 우선은 일할 사무실이 있어야 시작이라도 해볼 수 있었다. 그리고 나는 사무실을 구한다는 이 작은 첫걸음부터 시련을 맞아야 했다.

앞서 이야기한 것처럼 나는 수중에 500만 원밖에 없었고, 그중 창업 자금으로 이용할 수 있는 것은 단돈 350만 원뿐이었다. 알다시피 나는 그 대부분을 비즈니스센터에 입주하는 데 썼다. 하지만 그전에 한 가지 사건이 있었다.

나는 인력파견 회사인 B사 근무 당시 업무 관련 강의에 수강생으로 참여했다가 알게 된 지인에게 연락을 했다. 그는 내가 처음 인력시장에 몸담았을 때부터 C사를 신설하여 성공적으로 자리 잡게 만들 때까지 모두 지켜본 사람이었다. 그가 운영 중인 사무실을 몇 번 방문했을 때 빈 책상이 있는 것을 본 적이 있어, 그중 한 자리를 빌려 쓰고 싶었던 것이다.

사무실을 운영 중이었는데, 몇 번 방문했을 때 빈 책상이 있는 것을 봤다.

그는 나의 성공 가능성을 높게 보고는 흔쾌히 빌려주었다.

물론 공짜는 아니었다. 향후 피플케어의 헤드헌팅 사업이 성공하면 지분을 주겠다는 약속을 서면으로 작성했다. 어차피 남는 사무실 자리 하나 빌려준 대가치고는 너무 큰 게 아닌가 싶을 수도 있겠지만, 상대 입장에서는 사업이 자리를 잡지 못한다면 아무런 이득이 없는 것이다. 게다가 이렇게 가능성만을 보고 믿어주었다는 것에 대한 고마움도 있었기에 나는 흔쾌히 그 조건을 수락하고 서면으로 작성했다.

하지만 문제가 있었다. 나는 C사에서 헤드헌터 스쿨을 운영했던 경험을 살려 운영비도 마련할 겸 내 손으로 직접 교육한 헤드헌터도 뽑을 겸 '헤드헌터 사관학교'라는 이름으로 강의를 개설했다.

그런데 사무실 자리를 빌려준 이 지인은 헤드헌터 사관학교 1기 수입도 나누기를 원했다.

나는 최대한 정중하게 곤란하다는 의사를 밝혔다.

"이 사장님, 제가 아직 사업 초기라 자금이 부족합니다. 이 돈은 운영비로 써야 하고요. 그래야 사업도 빨리 자리를 잡지 않겠습니까? 우리 약속은 사업이 궤도에 올랐을 때 지분을 나누는 것이었으니, 조금만 기다려주시기 바랍니다."

내 말은 사실이었다. 지분을 나누기로 한 것은 사업이 자리를 잡은 이후의 이야기였는데, 지금 막 헤드헌터 사관학교 수강료로 들어온 돈은 신규 직원을 뽑아 교육하고 그들이 매출을 올리기 전까지 운영하는 데 들어가야 할 자금이었다. 사업이 궤도에 오르려면 아직 시간이 필요했다.

그런데 그때, 이 지인은 갑자기 자신의 책상 서랍에서 종이를 하나 가져오더니 내 앞에서 찢어버리며 말했다.

"지난번 서면 약속은 없었던 것으로 하겠습니다."

그가 찢은 종이는 사무실 자리를 빌려 쓰는 대가에 대한 일종의 계약서였던 것이다.

당시 나는 너무도 어이가 없어서 이유를 묻지도, 좀 더 이야기를 나누어볼 생각도 하지 않았다.

"알겠습니다."

나는 짧게 대꾸하고는 사무실에서 나왔고, 다음 날 책상을 정리했다.

그다음은 이미 1장에서 이야기한 바와 같이 강남 테헤란로 포스코사거리에 있는 경암빌딩 18층의 고급 비즈니스센터에 피플케어 사무실을 구했다. 애초에 헤드헌터를 채용하게 되면 별도로 사무실을 구해 나가기로 했는데, 그 시기가 조금 빨라진 셈이었다.

돌이켜보면 그가 나에게 마음이 상했을 만한 다른 이유가 있었던 것인지도 모른다고 생각하나, 당시에는 그런 생각을 할 겨를도 없었다. 그저 돈 앞에서 쉽게 변질되는 인간관계에 충격을 받았을 뿐이었다. '사람에 대한 존경심'으로, 사람이 전부인 회사를 만들겠다는 결심이 시작부터 도전을 받은 느낌이었다.

'세상의 모든 사람이 존중받을 자격이 있는 걸까? 어려운 사람을 돕는 척하면서 어쩌면 사소할 수도 있는 액수의 돈 앞에서 쉽게 흔들리고 약속을 저버리는 사람도 존중받아 마땅한가? 존중받을 만한 사람과 그렇지 않은 사람을 어떻게 구분하지? 아니, 애초에 그런 구분을 하는 게 의미가 있는 걸까?

배신감이 컸던 만큼 수많은 생각이 소용돌이치며 나를 흔들었다.

하지만 그 흔들림은 오래가지 않았다. 앞으로도 수많은 시련과 시험이 나를 기다릴 것이다. 그때마다 흔들린다면 내가 원하고 꿈꾸던 회사는커녕 작은 구멍가게 하나도 운영할 수 없지 않겠는가? 존중받을 사람과 그럴 자격이 없는 사람의 구분이 있다 하더라도 그걸 내가 판단할 수는 없다. 더구나 나는 사람이라면 누구나 존중받아 마땅함을 믿었다. 어쩌면 이번 사건은 나의 그런 믿음을 시험해보기 위한 것이었을지도 모른다.

시간이 지나면서 이 사건은 오히려 나를 더욱 단단하게 만들어주었다. 이후로 나는 '사람이란 다양하고, 그들 각자의 이유로 나의 믿음을 저버리는 일이 얼마든지 있을 수 있다'는 생각을 하게 됐다. 덕분에 어지간해서는 사람들에게 배신감을 느끼는 일도 없었고, 그럴 만한 사건이 일어난다 해도 '사람에 대한 믿음'을 저버리지 않을 수 있게 됐다.

> ## 피플케어 사무실로
> ## 첫 출근하다

2003년 11월 20일 (수), 경암 빌딩 18층 피플케어 사무실로 첫 출근하는 날이다.

새벽 5시 8분, 잠자리에서 일어나 간단히 세수했다.

개포동 집 근처 대모산 산행을 위해 옷을 챙겨 입었다. 진한 회색 티셔츠 상의, 등산용 검정 하의, 멜론색 등산 양말, 검정색 코오롱 등산 자켓, 그물무늬 K2 등산화…

대모산 새벽산행은, 피플케어 설립 5개월 전부터 시작하여 하루도 빠지지 않는 매일의 일과이다. 매일매일 정글 만리 같은 일과를 뒤로 하고 그저 산길을 걷기만 하면 되는, 내 영혼의 쉼터 같은 시간이며, 맑은 영혼으로 나 자신을 들여다보는 시간이기도 하다.

대모산은 서울 강남구와 서초구에 있는 291m의 산이다. 강남구

개포동 방면의 대모산에는 불국사와 남쪽 서초구 내곡동에 헌인능이 있다. 헌릉은 태종과 그의 비인 원경왕후 민씨의 능이며, 인릉은 조선 23대 임금인 순조와 왕비 숭원왕후 김씨의 능이다.

산 모양이 늙은 할미와 같다하여 할미산으로 불리다가, 조선 태종의 헌릉이 자리하면서 어명에 의하여 대모산으로 불리게 되었다.

집을 나섰다. 새벽 공기가 상쾌하다.

대모산 입구까지 걸어가는 발길에 떨어지는 은행잎 빛깔이, 미명 속에서도 참 곱다는 생각이 든다.

8차선 대로를 건너 대모산 입구에 들어섰다. 키가 작은 관목들이 산과 잘 어울린다. 어제는 비가 와서 우중 산행이었는데, 오늘은 맑은 새벽 날씨가 참 좋다. 초입 계단을 지나 산등성을 지나는데 공기가 상큼하다.

한 발 한 발 산정을 향해 올라 갈수록 대모산의 새벽 정기를 온몸으로 받는 것 같다. 다른 세상으로 들어서는 느낌이다. 이제 대모산 정상 부근이다. 정상 가까운 암벽길에 늘어뜨려진 줄이 있다. 나는 줄을 잡고 올라섰다. 줄 끝엔 큰 바위가 하나 있다. 나는 바위 위에 우뚝 서서 심호흡을 하고 아래를 내려다보았다. 아파트 숲들과 빌딩 숲들이 펼쳐져 있다. 새벽 연무 속에, 아직은 숫한 사람들의 욕망이 잠들어있었다. 이제 곧 그 욕망들은 서서히 눈을 뜨고 부글거리며 일어설 것이다.

대모산 산행을 시작하게 된 것은 개포동으로 이사한 후, 처음에는 주말에만 오르다가 점차 횟수가 늘어나면서 매일 새벽의 일과가 되었다. 때로는 전날 밤 잠들기 전, 다음날 새벽 대모산 산행을 생각하며, 마음이 설레기도 했다. 비가 오나 눈이 오나 갔다. 심지어 폭설이 쏟아질 때도 거르지 않고 정상까지 올랐다. 그동안 살아오면서 등산에는 관심도 없었던 내가, 대모산 새벽 산행을 시작하면서부터는, 한 시간 정도 산책하듯이 여유 있게 산행을 할 수 있었다.

뒤를 돌아볼 겨를이 없는 현대인처럼 나 역시 바쁘게 사회생활을 하면서, 뒤를 돌아볼 여유가 없었는데, 규칙적인 산행 이후 달라졌다. 새벽 산행 시간만큼은 달리던 길을 잠시 멈추고 서서 나만의 시간을 가지고 침묵 속에서 나 자신을 돌아보고 생각할 수 있었다.

'인디언들이 말을 달려가다 잠시 멈춰 서서 영혼이 따라 올 때까지 기다린다.' 는 말이 있다. 멈춰서는 것의 중요함을 일깨우는 것이다. 앞만 바라보며 질주하다 영혼을 잃어버리는 현대인들의 삶을 돌아보게 하는 것이다.

대모산을 향한 새벽 산행시간은 나 자신을 돌아볼 수 있는 참 행복한 시간이라는 느낌이 들었다.

다시 정상으로 향했다. 정상에는 등산객 한 명이 몸을 풀고 있었다. 나도 체조로 몸을 풀고, 북한산과 도봉산 정상을 바라봤다. 그리고 도심을 내려다보았다. 욕망의 도시, 서울은 이제 서서히 하루를 향해 몸을 꿈틀거리며 일어서고 있었다.

어둠 속에서 서서히 여명이 밝아왔다. '피플케어 그룹'의 밝은 미래를 예고하는 희망의 빛줄기 같았다.

오늘은 경암빌딩 18층 피플케어 사무실로 첫 출근하는 날이다. 내 가슴에 '로마의 시인 호라티우스'의 시가 떠올랐다.

"이런 자는 행복하리라.
이런 자만이 행복하리라.
오늘을 자기의 날이라고
말할 수 있는 자만이 행복하리라.
마음에 자신을 가지고
내일이야 될 대로 되려무나.
하여간 나는 오늘을 살겠노라고
그렇게 말하는 자는 행복하리라.
자신 있게 말하는 자가 행복하리라."

그리고 이 시처럼, '나는 오늘 현재를 살겠다.'라고 다짐했다. '이미 지나간 어제를 후회하거나, 아직 오지도 않은 내일을 두려워하며 살지 않으리라. 오늘 현재를 충실하게 살겠다.

오늘 현재를 충실하게 사는 그 하루하루가 차곡차곡 쌓여 성공을 가져올 것이다.'라고 믿었다.

내려오는 길에, 낙엽을 떨어뜨리는 가을 풍경이 참으로 겸손하고 아름다웠다. 한 폭 동양화를 보는 듯했다.

집에 도착해서 샤워 후 아침식사를 하고 출근 복장으로 갈아입었다. 군청색 콤비 상의와 회색 바지, 회색 양말, 청색 와이셔츠, 금빛 체크무늬 넥타이, 검정구두, 삼소나이트 갈색 가죽가방, 체크무늬 청색 손수건...

나는, 거울 앞에 섰다.

"음~, 됐어."

나는 나를 향해 웃었다.

아침 일찍 회사로 출근했다.

그리고 1장 첫머리에서 이야기했듯이, 비즈니스센터 대회의실에서 초짜 신입헤드헌터 조영숙씨 앞에 섰던 것이다.

'기세' 나 '포부' 만으로 되지 않는 것도 있다

앞서 밝혔듯이 나는 처음부터 '피플케어 그룹'을 글로벌 헤드헌팅 회사로 키울 생각이었다. 대한민국처럼 좁고 자원도 풍족하지 않은 나라가 이 정도의 경제적 위상을 가진 나라로 성장한 것은 기적에 가깝다. 전례를 찾아보기 힘든 일이다. 이는 사실 뛰어난 '인재'가 밑바탕이 되었기에 가능한 일이었다.

그렇다면, 이토록 뛰어난 우리나라의 인재들이 해외에 진출해 세계 각지에서 능력을 펼칠 수 있도록 발판을 마련해주는 것은 충분히 가치 있는 일이 아닐까? 이는 헤드헌터의 몫인데, 그렇다면 우리나라의 문화를 가장 잘 이해하고 있는 한국인 헤드헌터가 더 적합하지 않을까? 이미 글로벌 기업으로 성장한 한국 기업들에 우리나라 인재를 연결시켜주는 것부터 시작한다면 다른 나라의 글로벌 기업에 대한 이해도 넓혀나갈 수 있지 않을까? 또한, 이렇게까지 경제적 위상이 드높은 나라에서 글로벌 헤드헌팅 기업이 하나쯤은 있어야 하는 게 아닐까?

이런 생각들은 피플케어를 설립하기 훨씬 전부터 나의 머릿속에 박혀 떨어지질 않았다. C사의 설립을 제안할 때 역시 이를 고려하여 글로벌 기업으로 만든다는 목표를 세워두었고, 어쩌면 G커뮤니케이션스는 그 비전에 큰 매력을 느꼈던 것인지도 모른다. 결국 제대로 계획을 실현시켜보기도 전에 그곳을 나와야 했지만, 그렇다고 해서 글로벌 헤드헌팅 기업에 대한 꿈조차 포기한 것은 아니었다. 아니, 오히려 그 열망은 더욱 커졌다. 이제 말 그대로 모든 것을 내가 꿈꾼 대로 실현해볼 수 있는 '내 사업'이 시작된 것이니 말이다.

2006년, 나는 꿈에도 그리던 글로벌 기업의 첫 발을 내딛었다. 피플케어는 아직 창업한지 3년 정도밖에 되지 않았던 터라 이른 감이 있긴 했지만, 회사가 성장세에 있을 때 시작하는 게 좋을 듯했다.

시작은 중국 북경으로 잡았다. 당시 우리나라 기업들의 중국 진출이 활발했고, 같은 아시아이자 한자어 문화권이라 적응이 상대적으로 쉬울 것이라는 판단이었다. 중국에서 성공을 거두면 다음은 뉴욕과 홍콩, 이어서 유럽까지 진출한다는 계획이었다.

결론부터 말하자면, 현재는 해외 진출 계획을 전면 중지한 상황이다. 이유는 단순하다. 글로벌 시장은 생각보다 녹록치 않았고, 결국 실패했기 때문이다.

여기서 실패한 이유도 따지고 보자면 수도 없이 많지만, 가장 큰 이유는 두 가지였다.

첫째, 해외 진출에 대한 이해와 노하우의 부족.

둘째, '사람'의 부족.

우선 나는 현지의 경험이 부족했다. 중국사업 때 주로 유럽, 미국 회사들 위주로 영업하고 헤드헌팅을 진행했다. 중국 북경지사의 피플케어 헤드헌터들이 대부분 유럽과 미국 유학 경험이 있는 중국인 헤드헌터들이었기 때문이다.

중국 기업은 일이 성사가 된다 해도 수익 측면에서 크게 떨어진다고 봤다. 당시의 중국 기업은 후보자 연봉금액에 비례하는 헤드헌팅 수수료가 상대적으로 낮았기 때문에 똑같은 일을 해서 채용까지 연결시킨다 해도 우리에게 돌아오는 수익이 적을 수밖에 없었다.

또한 일견 사소해 보이는 것들도 현지에서는 큰 문제가 됐다. 만약 관리자와 직원 사이에 문제가 생겼다고 해보자. 우리나라에서라면 양측의 이야기를 들어볼 수도 있고, 설득하거나 조언을 건넬 수도, 같이 대화를 통해 풀 수도 있다. 그게 아니더라도 책임소지나 잘못한 측이 누구인지를 더 명확히 파악할 수 있어 그에 따른 조치가 가능하다. 하지만 그곳은 중국이었다. 관리자도, 직원도 중국인인 경우가 많은데, 그럴 경우 미묘한 갈등이 있을 때 현지 경험 부족으로 중재하기가 어려웠다.

만약 내가 지금 다시 해외 진출을 노린다면 어떻게 할까?

어느 나라로 진출하든, 현지 글로벌 한국 기업부터 시작할 것이다. 해외의 글로벌 한국기업과 거래하는 것이 한국 헤드헌팅 회사에게는 상대적으로 장점이 많기 때문이다. 외국계 기업 거래는 다음 단계로 확대하는 것이다. 물론 쉽지는 않겠지만, 영업을 하면서 단 한 번도 '쉽다'고 느껴본 적은 없었다. 영업은 원래 어려운 법이다. 그걸 해내느냐 해내지 못하느냐가 관건일 뿐이다.

하지만 그것만으로는 충분하지 않다. 앞에서 말한 '중국 진출에 실패한 가장 큰 두 가지 이유' 중 바로 두 번째 이유인 '사람' 문제를 해결하지 못한다면 결국은 성공하지 못할 것이다.

이 '사람'에 대한 문제는 바로 뒤에서 좀 더 자세히 설명하겠다.

반드시 직접 해야만 할 일도 있다

처음 해외 진출을 앞뒀을 때, 나는 잔뜩 꿈에 부푼 채 직접 북경과 뉴욕, 홍콩 등지의 사무실들을 살펴봤다. 그리고 북경에 지사를 만들어 직접 그곳으로 날아갔다.

돌이켜보면 창업한 지 아직 3년밖에 되지 않은 상황에서 해외 진출을 시도했다는 것은 어찌 보면 무모한 것일 수도 있다. 하지만 당시에는 그런 걸 신경도 쓰지 않았다. 국내에서의 급성장에 자신감을 얻었고, 사업에서는 흐름과 기세가 중요하다는 생각에 그대로 진행을 했다.

내가 직접 중국까지 날아가 지사에서 일을 한 이유는, 국내에서 헤드헌팅 사업의 해외 진출은 처음이어서 믿고 맡길 만한 사람이 없었기 때문이다. 중국 지사를 컨트롤할 만한 사람이 있다면 직접 가지 않았을 것이다. 하지만 본사에서 해외 지사를 컨트롤할 정도의 역량이 부족했다. 직원은 물론 현지의 관리자까지 직접 뽑아야 하는데, 이를 다른 사람 손에 맡길 수는 없었다. 내가 자리를 비우면 국내의 본사가 비긴 하겠지만, 차라리 본사를 다른 사람에게 맡기는 게 나을 듯했다. 완전히 자리를 잡지는 못했다 해도 어느 정도 업력이 쌓였고 함께 손발을 맞춘 직원들도 있으니 관리 능력이 어느 정도 검증된 사람에게 맡겨두기만 하면 본사는 잘 돌아갈 것 같았다.

그래서 나는 예전에 헤드헌팅 과정에서 헤드헌터와 후보자 고객으로 만나 알게 된 사람을 만나 상황을 설명한 후, 그를 영입했다. 내가 그에게 바란 것은 단 하나, 그저 '관리'를 잘해주는 것뿐이었다.

여기서도 결론부터 말하자면, 국내 본사의 관리 역시 제대로 이루어지지 않았다. 한 가지만 예로 들자면, 어느 날 본사의 회계 자료를 살펴보니 결산 이익금은 상당히 큰데 현금 흐름은 좋지가 않았다. 이상한 일이었다. 의아해서 월말 기준 대차대조표를 살펴보니 미수 금액이 너무 컸다.

미수금 내역을 자세히 보니 D제약 등 몇 건이 오랫동안 수금이 되지 않고 있었다. 헤드헌팅을 이용하는 회사들은 대체로 경영 상황이 좋거나 성장하고 있는 회사들이라 수수료 대금을 보통 1개월 이내에 현금으로 지급하기 때문에 미수금이 오래 방치되는 경우는 많지 않다.

장기 미수금 내역을 가지고, 세금계산서, 매출보고서를 확인하고, 해당 거래를 담당한 헤드헌터들과 면담해 이런 일이 발생한 경위를 물었다. 이유를 알고 보니 더욱 황당했다. 간략히 설명하자면, 기업고객으로부터 후보자의 합격 통지를 받은 후 피플케어에서는 매출보고서를 작성했으나 이 후보자가 조기퇴사를 하면서 발생한 문제였다. 피플케어 측에서는 이미 고객사로 세금계산서까지 우편으로 발송하고 세무서에 매출 신고까지 했지만, 기업고객 측에서는 후보자가 조기 퇴사했으니 아예 회계 기장 자체를 하지 않았고, 당연히 세무서에 매입 신고도 하지 않은 것이다. 그러니 실제로는 발생하지도 않은 매출에 따라 세금만 더 납부한 꼴이었다. 당시는 전자세금계산서를 사용하지 않을 때였기 때문에 한 쪽만 세무서에 매출 신고하는 상황이 발생할 수 있는 것이었다.

경영을 하는 입장에서 회계 전문가까지는 아니더라도 기본적인 상식은 갖추어야 한다. 그런데 실제보다 큰 장부상 결산 이익을 실제 이익으로 간주해버린다는 것은 그런 기본 상식에도 어긋나는 것이었다. 또한 이렇게 이익이 크게 잡혔으니 그에 따라 지출도 커지면서 피플케어의 피해는 더욱 커졌다.

부풀려진 장부상의 이익을 바탕으로 지출을 늘리는 등, 잠시나마 경영상의 최종 의사 결정을 잘못한 것이었다.

결국 담당 세무사와 함께 관할 세무서에 이를 알리고, 관련 서류를 모두 가지고 간 후에 한참 동안의 조사 과정을 거쳐 매출금액과

부가가치세, 법인세 등을 모두 정상적으로 처리할 수 있었다.

이 한 가지만 보더라도 내가 직접 관리하는 것과 다른 사람 손에 맡겨둘 때의 차이를 명확히 알 수 있었다.

쓰고 보니 마치 그때 본사 관리를 맡았던 사람을 비난하는 것처럼 되어버렸지만, 내가 말하고자 하는 바는 그게 아니다. 오히려 비난을 받아야 할 사람은 나 자신이다. 만약 내가 해외 진출 시기를 미루고 국내 사업을 완전히 안착시킨 후, 믿을 만한 사람을 찾기 힘들면 직접 교육시켜 키워내기라도 했다면 이런 끔찍한 상황은 피할 수 있었을 것이다. 그러니까 나는 크게 세 가지를 잘못한 것이다.

첫째, 지나치게 서둘렀다.

둘째, 그렇게 '사람'의 중요성을 강조해놓고 정작 나는 그 자리에 알맞은 사람을 데려오지 못했다.

셋째, 나를 대신해 내 업무를 봐야 할 사람이라면 나와 우리 회사를 잘 이해하는 사람이어야만 한다는 사실을 간과하고 외부에서 누군가를 데려올 생각만 했다.

나의 이런 착오들이 겹친 결과, 본사는 한때 위태로운 상황이 되어버렸다. 물론 해외 진출 역시 제대로 되지 않았으니 안팎으로 위기를 맞은 것이다. 결국 나는 해외 진출을 뒤로 미루고 다시 국내로 돌아와 본사를 되살리느라 구슬땀을 흘려야 했다.

이 일을 교훈으로 삼아 나는 몇 가지 교훈을 얻게 됐다.

첫째, 권한 위임은 올바른 사람에게, 올바른 방식으로, 올바른 범위 내에서 이루어져야 한다.

둘째, 비즈니스 언어인 회계와 그것이 보여주는 숫자와 지표들에 더욱 관심을 가지고 수시로 점검해야 한다.

셋째, 세상에는 꼭 내가 직접 해야만 하는 일도 있음을 명심해야 한다.

이 가르침들은 이후 회사를 경영하고 관리하는 데 큰 도움이 되었고, 덕분에 지금은 회사를 어느 정도 본 궤도에 올렸으며, 과거보다 규모는 조금 작을지 몰라도 훨씬 안정된 상태로 만들 수 있었다.

8장
헤드헌팅 사업이
내게 알려준 것들

피플케어 그룹은 '사람에 대한 존경심'의 가치를 세계 각지에 드높이는 글로벌 헤드헌팅 기업이 될 것이다. 한국의 인재들이 세계 무대에서 역량을 발휘할 수 있도록 기반을 더 다지고, 더 많은 노하우를 그들과 공유할 것이다. 그게 나의 역할이다. 나의 꿈은, 아직 끝나지 않았다.

세상에 '나쁜 후보자'는 없다

헤드헌터는 기본적으로 기업에서 찾는 핵심 인재를 대신 찾아서 연결해주는 역할을 한다. 이때 모든 헤드헌터는 기업에서 보내주는 구인요청내역(Job Description)을 기반으로, 가망 후보자 고객 리스트에서 가장 적합한 사람을 우선적으로 찾는다. 그러나 구인요청내역이 까다로울수록 딱 맞는 사람을 찾기란 어렵다.

이런 때는 동료 헤드헌터들에게 후보자를 추천받기도 한다. 그런데 내가 항상 강조하는 것이 있다. 이런 상황에서 많은 헤드헌터가 '좋은 후보자가 없다'라고 말하는데, 이는 올바른 표현이라고 할 수 없다.

세상에 나쁜 후보자는 없다. 아니, 더 정확히 말하자면 모든 후보자는 좋은 후보자이다. 이유는 간단하다. 인간은 완벽할 수 없기 때문에 한 기업의 구인요청내역에 맞지 않는 후보자라도 다른 곳에서 원하는 인재에 딱 들어맞을 수도 있기 때문이다. 더구나 헤드헌터들은 눈이 높다. 해당 분야에서 충분히 능력을 인정받은 사람 또는 능력을 인정할 만한 객관적인 근거가 있는 경우에만 후보자 리스트에 올린다. 그런 사람이라면 어딘가에서는 빛을 발하는 게 당연하지 않은가.

물론 여기서는 '정상적인 후보자'만 대상으로 하는 이야기이다. 앞에서 언급한 적이 있던, 학력 위조한 후보자와 같은 경우는 논외로 해야 한다. 이는 사기이자 기만행위이기 때문에 나로서는 후보자로 보지도 않는다. 다만 이를 제대로 검증하지 못한 것은 해당 헤드헌터와 사장인 내 탓이므로 책임은 공감하고 있다.

또한 인성이 바르지 못한 후보자도 논외로 하겠다. 이는 검증이 어려워 우리의 후보자 리스트에 있을 뿐이지, 일단 인성이 좋지 않은 것으로 판명되면 더 이상 우리의 후보자가 아니기 때문이다.

실제로 후보자 중에는 한 번 이상 어떤 기업에서 고용을 거부당한 경우가 제법 있다. 헤드헌팅은 대체로 처음부터 딱 한 사람만 정해 연결시키는 것이 아니라 몇 명의 후보자 리스트를 만든 다음 서류와 면접, 때로는 프레젠테이션 등을 통과한 사람만이 채용된다. 그때 최종 선발되지 못한 사람들이 다른 곳에 연결되어 기업도, 후보자도 모두 만족하는 경우를 수도 없이 봐왔다.

때로는 기업 측에서 그 후보자들을 모두 거부하기도 한다. 즉, '이들 중에는 우리 마음에 드는 사람이 없다'는 뜻이다. 그러나 이 후보자들도 결국에는 더 잘 맞는 기업에 들어가기도 하고, 기업 측에서 크게 만족해 그 뒤로 피플케어와의 거래를 계속 이어가기도 한다. 그러니 어딘가에서 '나쁜 후보자'로 판명됐다고 해서 그가 정말 나쁜 후보자라거나 부족한 사람이라는 뜻은 결코 아니다. 헤드헌팅은 적합한 후보자를 적합한 자리에 연결하는 것이다. 나는 늘 이것을 헤드헌터들에게 강조한다.

멀리 볼 것 없이 나와 함께 일하는 헤드헌터만 보더라도 각자의 능력과 강점이 다르다. 누군가는 신규 기업고객과의 거래를 유치하는 데 능하고, 누군가는 적합한 후보자를 찾는 서치하는데 능하다. 또 누군가는 IT업계의 헤드헌팅에는 젬병인 대신 소비재업계 헤드헌팅에는 천부적일 수도 있다. 더구나 헤드헌터들은 모두 한쪽 업계에서 출중한 경력을 쌓은 사람들이다. 그쪽에서 충분한 성과도 내봤고, 인정을 받아온 사람들로, 그 분야를 중심으로 헤드헌팅을 시작한다. 그러니 만약 그들이 헤드헌팅에 재능이 없다 하더라도 본래 종사하던 분야에서만큼은 좋은 인재인 것이다.

그러니까 다시 말하겠다.
"세상에 나쁜 후보자는 없다. 다만 그 자리에 적합한 후보자인가 아닌가의 문제가 있을 뿐이다. 그 자리에 맞지 않다고 해서 나쁜 후보자는 아니다. 다른 자리에는 좋은 후보자일 수 있는 것이다. 문제는 후보자 자신에게 적합한 자리를 찾아가는 것이 중요하다. 그래서 모든 후보자는 좋은 후보자이다. 구름에 가려진 태양이 보이지 않듯이, 후보자의 좋은 점들이 보이지 않을 때가 많다. 모든 사람에게는 누구에게나 보석같이 빛나는, 좋은 점들이 있다."

실력 못지않게 중요한 것은 인성

나는 인성이 좋지 않으면 가망후보자 목록에서 제외한다. 물론 그 사람의 존재 자체를 부정하려는 것은 아니다. 그들도 누군가에게는 좋은 남편이나 아내, 아빠나 엄마, 아들이나 딸일 수 있다. 말했듯이 무조건 나쁜 사람은 없다. 하지만 나는 아무리 능력이 뛰어나도 인성이 부족한 사람은 결코 추천하지 않는다. 능력이야 배워서 키울 수 있다지만, 경력직 후보자의 인성은 쉽게 고칠 수 없기 때문이다.

한번은 마케팅 매니저 경력의 후보자 K씨가 사전면접을 위해 피플케어를 찾았다.

피플케어에서 비서 업무를 맡고 있는 직원이 그녀를 안내한 후

벽에 있는 불을 켠 모양이다. 이건 외부 손님들이 왔을 때 조금 더 밝고 편안한 기분이 될 수 있도록 통상적으로 해오던 일인데, K씨는 그게 마음에 들지 않았던 모양이다.

"이렇게 밝은데 불은 왜 또 켜요? 불 끄세요."

전기 낭비를 막자는 의미일 수도 있으니 내용은 문제될 게 없었다. 허나 그녀의 말투는, 장담하건대 명령 그 자체였다. 그녀는 이미 자신보다 어리고 고객을 응대하는 역할을 맡은 직원을 '을'이라 여긴 것이다. 사실 굳이 갑을 관계를 나눈다 해도, 을 위치에 있는 사람에게 굳이 명령조로 이야기할 필요가 있을까? 더구나 초면인데 말이다.

어쨌든 직원은 불을 껐고, 이어 음료를 준비해주겠노라 했다.

"커피요."

귀찮다는 듯한 단답형에 고압적이었고, 일견 짜증이 묻어나기까지 했다.

잠시 후 그 직원이 인터폰으로 내게 K씨의 방문을 알렸.

내가 문을 열고 들어섰을 때, K씨는 자리에서 일어나 얼굴 가득 환한 미소를 지으며 나긋나긋하다는 느낌이 들 정도로 친절한 목소리로 말했다.

"신 사장님, 안녕하세요? 오늘 면접 보기로 한 K예요."

나도 인사를 하고 악수를 한 뒤 자리에 앉자, 마침 직원이 커피를 내놓았다. 그러자 K씨는 내게 그랬던 것처럼 상냥한 미소와 나긋나

굿한 목소리로 "고마워요"라고 인사를 건넸다. 그녀의 모습이 달라진 것이다.

면접 내내 그녀는 대답을 잘했다. 이런 자리가 익숙한 듯 긴장한 모습도 전혀 없었고, 준비가 되어 있었던 것처럼 막힘없이 답했다. 그러니까 면접 중 질의응답만큼은 매우 잘 했다.

그녀가 나간 후, 나는 직원에게 은근슬쩍 물었다.

"방금 그분 어땠어요?"

그러자 직원은 쓰게 웃으며 고개를 저었다.

"글쎄요? 제가 면접을 본 게 아니라 뭐라고는 못 하겠지만…… 그냥 저를 대할 때와 사장님 대할 때가 정말 많이 다르긴 하더라고요."

그걸로 충분했다. 그 후보자의 인성을 알 수 있었다.

나는 결국 헤드헌터들에게 이 후보자를 그 어디에도 추천하지 못하게 했다.

그런 후보자가 K씨 한 명만은 아니었다. 간혹 그런 분들을 보게 되는데, 회의실로 안내를 했는데도 다짜고짜 사무실 안으로 들어오는 경우도 있다. 정확히 어떤 생각을 하는 건지는 모르겠으나, 일단 그들은 공통적으로 겸손함이 없고, 나이나 사회적 지위가 자신보다 아래라고 생각하는 사람은 무턱대고 무시하며, 누구에게도 감사하는 마음을 갖지 않는다.

심지어 우리 회사의 헤드헌터가 되겠다고 찾아온 사람들 중에도 비슷한 사례가 있었다. 물론 그중 누구도 입사하지 못했다. 그들이 다른 헤드헌팅 회사에 가서 뛰어난 능력을 발휘한다 해도 나는 전혀 후회하지 않을 것이다. 이유는 두 가지이다. 우선 인성이 바르지 못한 사람의 덕으로 회사가 돌아가는 건 바라지 않기 때문이다. 다음으로는, 헤드헌터라는 직업의 특성상 고객들에 대한 사랑이 없으면 성과를 내더라도 잠시뿐이다. 언젠가는 회사에 더욱 큰 손해를 끼칠 수밖에 없다.

그리고 여담이지만, 내가 첫 사업 실패 후 인재시장에 처음 발을 내딛었을 때 얼토당토않은 이유로 나를 쫓아내는 데 앞장섰던 사람들은 대체로 끝이 좋지 않았다. 그렇다고 해서 그걸 고소하다고 말하려는 것도, 그들이 내게 했던 비인간적인 대우를 비난하려는 것도 아니다. 다만 사업에서도 '사람'을 무시한 결과는 결국 부메랑이 되어 자신에게 돌아온다는 점을 이야기하고 싶을 뿐이다.

시련은 나에게 가장 빠른 길을 알려주었다

'시련' 이라 할 만한 어려움 한 번 겪어보지 않은 사람이 어디 있을까? 나 역시 숱한 시련이 있었다. 이 책에 담지 못한 이야기들까지 더한다면 밤을 새도 다 말하기 힘들 정도였다.

하지만 사업가는 항상 한 가지 면만 봐서는 안 된다. 실패를 실패로 두면 그것은 그냥 실패일 뿐이다. 하지만 왜 실패했는지에 끊임없이 질문을 던지다 보면, 그 물음표는 성공을 낚아채는 갈고리가 된다.

시련이라는 것도 그렇다. 그냥 두면 힘들었던 시절이고 떠올리기 싫은 기억일 뿐이다. 하지만 이를 경험이라 여기기 시작하면 더 빨리 성장하기 위한 자양분이 된다.

나는 직장생활도, 사업도, 인간관계도 실패의 연속이었다. 첫 두 직장이 차례로 부도나고 매각되는 아픔을 겪었고, 이후 학원과 주차미터기라는 두 개의 사업도 모두 '망했다.' 빚을 갚고자 인력시장 분야에서 다시 직장생활을 시작한 후를 보자면, '성과' 측면에서는 분명 성공적이었다. 몸담았던 모든 곳에서 좋은 성과를 냈다. 하지만 대부분은 결국 다소 비참하고 초라하게 마무리하게 됐다. 심지어 모든 것을 직접 기획하고 조직하여 자리를 잡게 만든 회사에서마저 좋지 않은 모습으로 나오게 되지 않았던가?

하지만 실패와 시련으로 점철된 그 시간 속에서 나는 사업에 필요한 모든 것을 배우고 익혔다. 나는 사람들에게 자주 이렇게 말한다.

"그때의 그 힘들고 어려웠던 시간들은 하늘이 나를 가장 빠른 시간에 성장시키기 위해 안배한 길이었습니다."

실제로 그렇게 생각한다. 첫 회사는 규모도 작고 재정상태가 좋지 않아 인사이동이 잦았던 덕에 자재구매와 영업 등 다양한 업무를 경험해볼 수 있었다. 사업을 해봤거나 준비 중인 사람이라면 알겠지만, 이는 큰 자산이다.

그 이후 두 군데 직장에서도 여러 업무를 경험하는 좋은 기회가 됐다. 자신의 전 재산과 빌린 돈을 합쳐야 겨우 가게 하나 차릴 수 있을까 말까 한 상황에서, 나는 월급을 받아가면서 좋은 수업을 들은 셈이다.

이를 바탕으로 나는 두 번의 사업을 시작할 수 있었다. 물론 두 사업 다 결과적으로 실패했지만, 이때 세운 철칙들은 이후 나의 삶

전체를 뒤바꾸었다. 학원 사업에서는 무리한 사세 확장이 얼마나 위험한지를 배웠고, 주차미터기 사업에서는 단순히 '돈'만 보고 뛰어드는 것이 얼마나 무의미한지를 배웠다. 또한 이 경험들로 사업에는 '사람'을 위하는 마음가짐이 반드시 있어야 한다는 것을 어렴풋이나마 깨달았다.

이후 다시 시작한 직장생활에서는 특히 '하늘이 마련해준 급성코스'라는 생각이 더욱 강하게 드는 경험들이 이어졌다.

B사는 우리나라 인력파견시장의 허와 실을 가장 명확히 파악할 수 있는 곳이었고, 아무 것도 모르는 곳에서 성과를 이끌어내는 추진력을 익혔다. 또한 영업능력에 대한 자신감을 얻기도 했다. 가장 중요한 깨달음 중 하나라면, 직장생활이든 사업이든 '나 혼자'만을 생각해서는 절대로 안 된다는 것이었다. 주변을 돌아보지 않고 불도저처럼 밀어붙인 결과로 나는 성과를 내고도 아무런 인정을 받지 못했다. 다음으로 몸담은 S코리아에서는 글로벌 인력파견 기업의 시스템을 보고 배웠다. 그리고 이때는 헤드헌팅이라는 세계를 처음 접해본 시기이기도 하다. 이때 배운 시스템의 일부는 후에 C사에서 한 번 검증을 거쳤고, 피플케어에도 일부 적용됐다.

K사에서, 드디어 헤드헌팅 업무를 제대로 시작했다. 헤드헌팅에 필요한 지식을 '살아남기 위해' 필사적으로 익히기도 했다. 헤드헌팅의 실무를 명확히 다듬고 그 효과를 확인한 것도 큰 성과였다. 그리고 B사에서와 달리 팀원들의 마음을 얻는 데도 성공했고, 그들은

내가 부당한 해고를 당했을 때 회사의 미움을 받을지도 모르는 상황에서 나를 위해 연판장까지 만들었다. 그때의 감동은 '비즈니스는 결국 사람'이라는, 당시까지 어렴풋했던 나의 철학을 확고하게 만들어주었다.

C사는 그런 배움의 결정체였다. 생각해보면 돈 한 푼 안 들이고, 사업을 경험해본다는 것은 그 자체로 큰 행운이다. 최소한 언젠가 자신의 사업을 하겠다는 마음을 먹은 사람에게라면 행운일 수밖에 없다. 특히 C사 때는 당시까지 배우고 익혔던 모든 것들을 활용해볼 수 있었고, 헤드헌팅이라는 다소 특수한 업계에서 창업할 때 주의해야 할 점들도 알게 됐다. 그리고 피플케어 초기에 자질이 뛰어난 신입 직원을 뽑는 자리이자 캐시카우(Cash Cow)가 되어준 헤드헌터 사관학교의 토대를 이때 마련했다. '헤드헌터 스쿨'이라는 이름의 헤드헌터 교육을 통해 그 효과를 검증했고, 피플케어를 설립할 때는 이를 좀 더 다듬어 어렵지 않게 진행할 수 있었다.

배움이란 당시에는 모르고 넘어가는 경우가 많다. 나 역시 당시에는 이들의 일부를 '배움'이 아닌 시련이라고만 여겼다. 하지만 어느 순간부터는 내가 하는 경험 하나하나 버릴 것이 없음을 알게 됐다. 이후로는 매순간, 일이 잘 풀리건 그렇지 않건 일희일비하지 않는다. 삶도, 사업도 흔들림이 많으면 버거운 법이다. 일이 제대로 풀리지 않았다면 그 이유를 파악하는 자세, 다시 같은 상황을 반복하지 않도록 준비하려는 마음가짐을 갖는 것이 중요하다.

새로운 목표

나는 피플케어를 설립할 때, 정확히는 그전에 C사를 만들 당시부터 '글로벌 헤드헌팅 기업'을 목표로 했다. 우리나라에 우수한 인재가 얼마나 많은가? 그들이 글로벌 기업에 진출해 종횡무진 누비고 다니는 모습을 상상하는 것만으로도 이미 꿈이 이루어진 듯해 기분이 좋아지곤 했다. 또한 다양한 분야에서 삼성전자를 비롯해 수많은 글로벌 기업이 존재하는 것처럼, 우리나라의 경제적 위상에 걸맞은 글로벌 헤드헌팅 기업이 필요하다는 생각이었다. 그래서 이를 목표로 했고, 첫 번째 해외 진출 결과는 앞서 말한 것처럼 실패였다. 그러나 실패를 실패로만 둔다면 아무런 도움도 되지 않는다.

글로벌 헤드헌팅 기업을 만들기는 쉽지 않다. 세계로 진출하려면 항상 내실이 잘 다져져야만 하는데, 주지하다시피 피플케어는 어려운 상황을 넘기고 이제 다시금 안정을 되찾았다. 해외 진출을 위한 확고한 발판을 마련하려면 앞으로 다소의 시간이 필요할 것이다.

그렇지만 나는 피플케어를 글로벌 헤드헌팅 업체로 키우겠다는 꿈을 포기하지 않았다.

피플케어는 '사람에 대한 존경심'의 가치를 세계 각지에 드높이는 글로벌 헤드헌팅 기업이 될 것이다.

나는 한국의 인재들이 세계를 무대로 역량을 발휘할 수 있도록 기반을 더 다지고, 더 많은 노하우를 그들과 공유할 것이다. 그게 나의 역할이다. 그래서 나는 오늘도 후배 헤드헌터들을 가르치고, 그들을 지원하며, 회사가 더욱 성장하도록 노력하고 있다. 또한 많은 사람이 공유할 수 있도록 이렇게 책을 쓰고 있다.

현재 우리는, 엄청난 속도로 밀려드는 '제4차 산업혁명' 시대를 맞이하고 있다. 일하는 방식이나 소비행태 등 생활방식 전반에 걸쳐, 그 누구도 미래의 삶이 어떻게 전개될지 예측할 수가 없다. 이는 위기인 동시에 도전의 기회이다. 우리는 제4차 산업혁명이 몰고 올 무한한 기회와 도전을 남보다 먼저 내다보고 지혜롭게 대응해나갈 준비를 서둘러야 할 것이다.

다가오는 4차 산업혁명 시대의 미래도 사람이다. 4차 산업혁명 시대의 인공지능과 로봇, 빅데이터와 자율주행자동차, 사물인터넷과 유비쿼터스 컴퓨팅, 나노, 스마트도시 등을 설계하고 이끄는 것도 결국 사람이 하는 것이다.

후배 헤드헌터들이 저와 함께 세계무대를 누비고 다니는 모습과 그들이 역할을 충실히 해낸 결과로 우리나라의 우수한 인재들이 글로벌 기업들에서 핵심 인재로 성장해가는 모습을 상상하는 것만으로도 가슴이 벅차오른다.

나의 꿈은, 아직 끝나지 않았다.